KB109930

청춘아, 소통을 잡아라

2030 직장생활 소통 프로젝트

청춘아, 소통을 잡아라

김정현 · 김지은 · 박경세 · 박정임 · 이현영 · 최은정 · 한효임

출판이안

2030 직장생활 소통 프로젝트

청춘아, 소통을잡아라

초판 인쇄 | 2014년 11월 28일
초판 발행 | 2014년 12월 1일

지은이 | 김정현 김지은 박경세 박정임 이현영 최은정 한효임
펴낸곳 | 출판이안

펴낸이 | 이인환
등 록 | 2010년 제2010-4호
편 집 | 이도경, 김민주
주 소 | 경기도 이천시 호법면 단천리 414-6
전 화 | 031)636-7464, 010-2538-8468
팩 스 | 070-8283-7467
인 쇄 | 이노비즈
이메일 | yakyeo@hanmail.net
홈카페 | http://cafe.daum.net/leeAn

ISBN : 979-11-85772-01-1-03800

「이 도서의 국립중앙도서관 출판예정도서목록(CIP)은 서지정보유
통지원시스템 홈페이지(http://seoji.nl.go.kr)의 국가자료공동목록
시스템(http://www.nl.go.kr/kolisnet)에서 이용하실 수 있습니다.
(CIP제어번호: CIP2014033010)」

값 13,800원

추천사 1

최양락/ 코미디언

청춘뿐 아니라 남녀노소 지위고하를 막론하고 매우 중요하게 꼭 갖춰야 할 덕목이 소통이다. 내가 몸 담고 있는 연예계 특히, 개그 쪽에서는 두말할 필요 없다. 예를 들어 지 혼자 웃긴다고 막 떠들어대는데 관객들은 '저 사람 지금 무슨 소리 하는 거야?' 라며 속된말로 멍 때리고 있다면 이는 소통 없는 공허한 지껄임밖에 되지 않을 것이다. 많은 분들이 이 책을 통해 소통의 달인이 되었으면 한다.

신중석/ 한국체육산업개발(주) 대표이사

요즘 신입직원을 보면 학력과 스펙은 좋은데 자기주장만 내세우거나 상대의 말을 경청하지 않는 이들이 많다. 이 책에 소개된 '배려, 역지사지, 감정표현, 눈치ㆍ센스, 언어습관, 좋은 인상' 등 소통의 기술을 적극 활용하여 본인과 조직에 만족스런 직장인이 되었으면 한다.

정준양/ 포스코P&S 전회장

대기업에서 오래 생활하다 보니 정말 대단한 능력을 가진 젊은이, 조직리더가 '소통'의 실패로 타인에 무시당하고, 성과를 못내 도태되는 예를 왕왕 보아왔다. 정말 안타까운 사연도 많았던 것 같다. 모처럼 젊은이들에게 '소통'의 실제 접근방법, 현장 스킬을 제시하는 유익한 Guide Book이 나와 이 책을 통해 당신도 금방 '소통'의 달인, 우수한 성과를 내는 능력자가 되어 있으리라 믿는다.

김효석/ 김효석OBM스피치커뮤니케이션 대표

이 책은 맛있는 7첩 한식 밥상을 받는 느낌이다. 외국에 가도 우리는 한식을 찾는다. 아무리 글로벌 시대라고 하지만 우리만의 문화와 소통이 있다. 이 책은 7명의 소통전문가가 우리 젊은이들의 소통을 다양한 사례와 함께 풀어냈다. 우리 입맛에 딱 맞는 소통 요리법이 여기에 있다. 이제 당신은 그대로 요리만 하면 된다. 이제 당신도 소통의 달인이다.

김민주/ (주)에듀온 대표이사

현장에서 경험한 교육자들의 생생한 소통 노하우!! 2030청춘뿐만 아니라 모든 세대를 망론하고 대인관계가 어렵게만 느껴진다면, 그리고 누구나에게 사랑받는 사람이 되고 싶다면 꼭 읽어야 할 책이 반갑다.

이가은/ 코리아컬쳐데이 대표

이 책은 소통에 관한 7가지 다양한 이야기를 전하고 있다. '소통의 중요성'을 다양한 사례를 통해 설명하여 쉽게 공감할 수 있게 하였고, 학문적 내용이 아닌 실생활에 필요한 '소통의 방법'을 담고 있어 사회생활의 어려움을 겪고 있는 청춘들에게 큰 힘이 되어줄 것이라 확신한다.

김옥희/ 쿠킹아트 창의연구소 대표

스펙만 좋다고 성공하는 시대는 지났다. 스펙보다 소통으로 통하라! 요즘 젊은이들이 명심해야 할 말이다. 이 시대는 소통이 가장 중요하다. 먼저 나의 가치를 스스로 인정하고 세상과 소통하라. 이책은 소통의 방법을 알려줄 것이며, 나의 가치를 높여줄 것이다.

조미경/ CMK이미지코리아 대표

Brand Identity가 보여주는 이미지라면 Brand Image는 보여지는 것을 말한다. 브랜드파워는 Brand Image에 있음을 알고 자신만의 스타일을 찾아가야 한다. 이미지는 가장 강력한 자기소개서이다. 이 책을 접하면 누구나 쉽게 자신의 스타일에 맞는 이미지를 찾아 자신을 가장 잘 표현한 자기소개서를 완성시켜 나갈 수 있을 것이라 믿는다.

김미경/ 화인서비스아카데미 원장

이 책에는 이미지와 커뮤니케이션을 조합한 신조어 이미지케이션을 적극적으로 활용하여 자신만의 이미지 연출로 세상과 멋지게 소통하는 방법을 알려주는 부분이 있다. 좋은 이미지로 소통을 잘하고 싶은 사람, 설득과 협상으로 성과향상을 이루고 싶은 사람, 면접을 준비하는 청춘들에게 꼭 권하고 싶다.

채원중/ LG전자 직무역량개발팀 부장

소통은 자신으로부터 시작한다. 내 마음이 열리지 않으면 상대방도 결코 쉽게 마음을 열지 않을 것이다. 이 책은 관심과 배려를 통해서 상대방의 말과 마음의 소리에 함께 하라는 메시지를 우리에게 진솔하게 전달하고 있다. 한 단계 더 나아가 역지사지의 마음으로 상대방의 입장에서 생각하고 느껴 보는 것이 바로 소통의 핵심이라고 말하고 있다. 그대, 소통하고 싶은가! 청춘이여, 이 책을 읽어라!

추천사 2

신원주/ 라이트매니저먼트 코리아 이사

원고를 먼저 읽은 소감을 한 마디로 말하자면 배가 많이 고픈 상태에서 맛있는 산채비빔밥 한 그릇을 뚝딱 해치운 느낌이다. 배가 고프면 음식 생각이 많이 난다. 그리고 산지에서 갓 재배한 여러 가지 나물과 양념으로 비벼 만든 비빔밥은 눈으로 보는 재미와 입 안에서 느끼는 재료의 성분과 맛있게 다 먹고 난 뒤에 느끼는 개운함과 더 먹고 싶은 유혹이 생긴다.

대기업에서 서비스강사와 컨설턴트로 잔뼈가 굵었고 현재는 특성화고, 대학교에서 '의사소통' 강의와 공–대기업 취업전문가로 활동을 하고 있으며, 외국계 헤드헌팅 회사에서 퇴직자들을 대상으로 전직지원프로그램의 강의와 컨설팅을 하고 있는 저에게 평소 아끼는 후배 김정현 강사가 추천사를 부탁해 왔다.

소통에 관한 주제로 현장에서 열강을 하고 있는 강사들이 공저로 집필했다는 이야기를 듣고 살짝 기대하기는 했지만 대구와 서울을 왕복하는 KTX 안에서 독파하게 될 줄은 몰랐다. 소통에 관하여 많은 책들이 쏟아져 나왔지만 현장 중심의 기업교육을 강조하는 저의 입맛에 맞는 내용을 접하기가 쉽지 않았기 때문에 「청춘아, 소통을 잡아라」는 산채 나물에 풍기는 각각의 향처럼 강사 개인별로 풍기는 향내와 현장의 감정을 오롯이 느낄 수가 있었다.

취업을 앞둔 취업준비생부터 오늘도 직장생활을 열심히 하고 있는 '미생'의 오과장과 장그래 인턴사원과 남자와 여자라는 이유로 소통에 애를 먹고 있는 이 땅의 청춘 남녀들에게 보기 좋고 먹기 좋고 여운까지 남는 현장에서 막 건져낸 따끈따끈한 살아있는 소통의 비빔밥을 제공해 줄 수 있을 것으로 생각한다.

소통은 시작과 끝이 있는 것이 아니라 항상 현재 진행형이라는 사실을 알고 늘 노력해야 한다는 말을 남기면서 산채비빔밥을 맛있게 먹을 수 있도록 애쓰신 일곱 분의 강사들에게 감사와 격려의 인사를 드리고 싶다.

끝으로 최근에 황혼이혼이 늘어 날 정도로 중년부부의 소통에도 많은 문제가 따르고 있는 시점에서 이 책은 청춘뿐만 아니라 나이 드신 분들에게도 많은 도움이 될 것이라고 생각해본다.

김지은/ SK네트웍스 부장

제대로 당해(?)봤던 그. 청.춘.들이 썼다. 우리가 바라는 소통은 어떠한 모습인가? 이러한 시작이 나로 하여 이 책의 첫 장을 펼치게 했고, 아름다운 관리자가 되고 싶은가? 라는 질문과 해답으로 이 책의 마지막 장을 덮게 했다. 호되게 겪었고 그로써 찾아낸 해답이 고스란히 필자들의 고군분투 이야기들로 실려있어, 책을 읽는 내내 난 많이 웃었고, 아팠다. 그리고 통쾌해졌다.

민현기/ 로젠탈교육연구소 대표

혼자 하는 것보다 함께 하는 힘은 상상 이상으로 훨씬 크다. 혼자 했다면 일 년이 넘어도 완성할까 말까한 책쓰기도 일곱 분이 함께 하니 서너 달만에 이루지 않았던가? '함' 께 '성' 장하는 함성소리, 이 책에는 말보다 행동으로 먼저 소통하는 강사님들의 삶이 오롯이 담겨 있어 책장을 넘길수록 더욱 빨려들게 만드는 매력이 있다.

Prologue

언제나 최선을 다하는 2030이여,
그래도 배고프다면 먼저 소통을 챙겨라!

'1만 시간의 법칙'이 있다. 다니엘 레비틴이라는 미국학자가 다양한 직업군을 조사해서 자기 분야에 최고의 경지에 오른 사람들은 최소 1만 시간 이상을 연습에 투자했다는 연구결과를 발표하면서 부각된 이론이다. 1만 시간은 하루에 3시간씩 10년 동안 꾸준히 연습해야 도달할 수 있는 시간이다. 현재 '1만 시간의 법칙'은 자기 분야에서 최고가 되기 위해서는 적어도 하루 3시간씩 10년은 꾸준히 해야 한다는 동기부여의 소재로 널리 쓰이고 있다.

그런데 10년이라는 시간은 오래 전부터 우리에게 더욱 익숙한 말이다. 우리의 선조들은 뜻을 이루기 위해 거의 다 10년 공부를 목표로 세웠고, 그것은 뜻있는 선비들의 꿈이었다. 10년 공부면 세상 보는 안목이 훤히 열린다고 믿었다. 실제로 10년 공부로 역사에 큰 족적을 남긴 위인들도 많다.

그동안 우리는 앞만 보고 열심히 달려왔다. 초·중·고등학교 12년으로도 부족해 대학교 4년에 대학원까지 기본적으로 15년에서 20년 이상을 공부에 매달려 왔다. 학교교육만으로 양이 차지 않아 학원과 기숙사, 고시원 등을 찾으며 수행하듯 취업을 위해 새벽부터 밤늦게까지 옛사람 못지않게 매사에 열심히 노력해 왔다.

그런데 이게 뭐란 말인가? 1만 시간은 말할 것도 없고, 10년 공부를 훨씬 뛰어넘는 노력에도 세상은 아득하기만 하다. 취직하기도 어렵고, 어렵사리 취직했어도 버텨내기가 힘들다.

오로지 열심히 앞만 보고 달려온 청춘, 채우고 채워도 채울 수 없는 이 지독한 배고픔을 어쩔 것인가?

이 책의 출발점은 바로 이 지독한 배고픔에 있다.

요즘 젊은이들이 헝그리 정신을 몰라서 그런다고?

열심히 노력하지 않아서 그런 거라고?

그렇다면 이 책은 세상에 나오지 않았을 것이다. 배고픔을 모르고 열심히 노력하지 않는 청춘이라면 애초에 우리와 함께 할 수 없는 이들이기 때문이다.

이 책은 근 15년간 하루 평균 10시간만 잡아도 5만 시간을 넘게 열심히 학업에 정진하고 사회에 첫발을 내딛으려 하지만 취업을 못해 고통을 겪거나, 어렵사리 취업에는 성공했지만 회사라는 조직생활에 적응하지 못해 아직도 배고파하는 2030 청춘을 위해 만들어졌다.

"선배 입장에서 취업을 앞두거나 어렵사리 취직한 2030 젊은이에게 경험담으로 들려줄 수 있는 것으로 가장 중요한 게 있다면 무엇일까요?"

"그야 당연히 소통의 문제죠."

기획회의 첫 만남에서 일곱 분의 강사님은 한결같이 '소통'이 가장 중요하다고 입을 모았다. 본인들의 직장 생활뿐만 아니라 현재 산업강사로 활동하며 경험한 바로는 '소통'만큼 중요한 것이 없다고 만장일치로 의견을 모았다. 다행히 편집부 회의 때부터 예상한 주제라 이후의 모임은 일사천리로 진행되었다.

1장에서는 현실적으로 직장생활에서 가장 중요한 것이 무엇인지 올바로 파악하지 못하고 스펙 쌓기에만 열심인 젊은이들에게 그보다 더 중요한 소통의 중요성을 짚어줘야 한다고 의견을 모았다. 학창시절에 짝꿍마저 경쟁의 상대로 여기며 스펙을 쌓거나 개인의 능력 신장에만 심혈을 기울였던 열정과 노력이 오히려 회사라는 조직생활에 적응하는데 걸림돌로 작용해서 시행착오를 겪어야 했던 선배들의 경험담을 들려주고자 했다.

2장은 소통에 가장 큰 걸림돌인 감정문제를 다뤘다. 웬만큼 수행이 되지 않은 사람이라면 가장 다루기 힘든 것이 감정이다. 말은 얼마든지 곱게 꾸밀 수 있지만 감정은 잘못 다루면 폭발해서 소통은커녕 관계마저 최악의 상황으로 몰아갈 수 있다. 감정을 다루는 방법은 많지만 여기에서는 감정을 감추거나 억누르지 않고 올바로 표현하는 방법을 다뤘다.

3장은 말로 다 표현할 수 없는 눈치와 센스를 다뤘다. 요즘 들어 직설적인 표현에 익숙한 젊은이들은 기성세대들이 관계를 좋게 유지하기 위해 돌려 말하는 것에 익숙하지 못해 소통에 문제를 일으키는 문제를 짚어주고 그 대안을 제시했다.

4장은 여성들의 사회진출이 활발한 시대에 맞춰 직장에서 가장 흔하게 겪는 남녀 간의 차이점을 다루며 소통의 필요한 것이 무엇인지 다뤘다. 남자 상사와 여성 부하, 여성 상사와 남성 부하, 남성과 여성 동료 사이에 생길 수 있는 소통의 문제점을 짚어보고 그 해결책을 제시했다.

5장은 소통에서 언어와 표정, 몸짓에 못지않게 중요한 언어습관을 다뤘다. 언어습관은 거의 다 자신도 모르게 형성된 것이 많아 애써 살피지 않으면 상대에게 오해와 갈등을 불러 일으킬 수 있기에 반드시 짚어봐야 할 부분이다.

6장은 이미지 관리방법을 다뤘다. 첫인상이 평생의 관계를 결정지을 정도로 중요하다는 것을 알면서도 많은 이들이 사소하게 넘기는 현실을 짚어주며, 큰돈 들이지 않고 누구나 쉽게 스스로 자신의 이미지를 관리하는 기법을 구체적으로 제시했다.

7장은 말단에서 중간 간부, 최고관리자의 경험을 가진 현직 CS 강사님이 현직에 있는 대표, 실장, 팀장, 대리, 신입사원들을 직접 인터뷰한 자료를 바탕으로 직장 내에서 자신의 지위와 위치에 맞게 소통하는 법을 스스로 점검해 볼 수 있도록 했다.

팀 협력은 성공을 위한 담보다.
팀 협력을 중시하지 않는 기업은 성공할 수 없다.
　- 빌 게이츠

더 이상 무슨 말이 필요할까?
기업은 성공하기 위해 팀 협력을 중요하게 여겨야 한다. 입사면접에서 그 어떤 문제가 나오더라도 결국은 팀 협력에 하나가 될 수 있는 구성원을 뽑겠다는 문제로 파악해야 한다. 즉 입사면접에서 좋은 평가를 받으려면 자신의 소통능력을 발휘해서 팀 협력의 적격자라는 것을 보여줘야 한다는 것이다.
소통은 도서관이나 책상 앞에서 얻을 수 있는 지식의 영역이 아니다. 사람과 부대끼며 사람 속에서 말과 지식으로 표현할 수 없는 것으로 상대와 통하는 그 무엇을 얻어 나가야 한다.
이 책에서 다룬 7가지 소통의 기술은 도서관이나 책 속에서 얻는 지식이 아니다. 현재 산업현장에서 소통문제로 부대끼고 있는

2030 직장인들을 대상으로 소통의 기술을 강의하는 일곱 분 강사님들의 생생한 육성 체험담이다. 단순히 지식으로 배우려 하지 말고 회사라는 조직에서 직접 부대끼는 마음으로 하나하나 챙겨보았으면 한다.

마지막으로 2030 청춘들에게 뭔가 의미와 가치 있는 일을 하자고 제안했을 때 바쁜 시간을 선뜻 내주신 김정현, 김지은, 박정임, 박경세, 이현영, 최은정, 한효임 등 여러 강사님들께 감사드린다.

아울러 이 책이 나올 수 있도록 교육현장에서 강사님들과 함께해주신 수많은 교육생들과 뜻깊은 자리를 마련해 주신 로젠탈교육연구소 민현기 대표님께 진심으로 감사드린다.

언제나 최선을 다하는 2030이여,

사람은 누구나 최선을 다하고 있다.

하지만 최선만으로 부족하다고 느낄 때

이 책을 펼쳐 그 해결책을 찾아보자.

2014년 세밑에

출판이안 대표 이인환

: CONTENTS

"내가 좋아하는 말 중에 '소나기를 맞아라'는 말이 있어. 일종의 말장난인데 '소중한 나를 기쁘게 하는 소통법'을 의미하지. 사회생활에서 가장 중요한 것은 소통이야. 아무리 뛰어난 능력을 갖고 있어도 소통할 줄 모르면 그 능력을 발휘할 수가 없어 …."

스펙보다 소통을 챙겨라

박정임

소나기를 맞아라

은영이는 오늘도 점심을 고민하고 있다. 입사한 지 얼마 되지 않아 선배한테 한소리를 들었기 때문이다. 선배는 고등학교, 대학교까지 같은 학교, 같은 과 선배로서 은영이에 대해 많은 걸 알고 잘 챙겨준다. 이 회사를 들어오게 된 것도 선배의 권유가 큰 몫을 했다.

그런데 얼마 전에 은영은 그런 선배를 존경하고 좋아하면서도 마음의 큰 상처를 받았다. 은영은 남들보다 조금 더 살이 쪘다. 살이 찐 것도 찐 거지만 상체가 두드러지게 커 보이는 스타일이다. 그러다 보니 어떤 옷을 입어도 왠지 태가 잘 나지 않는다. 그런 은영을 가장 위로해주고 용기 주는 것도 선배인데….

지난 번 점심시간에 선배가 한 말이 은영에겐 상처로 남아 있다.

"선배님, 전 노란색 티를 한번 입어보고 싶은데요, 상체 때문에 입을 수가 없어요."

"넌 말과 행동이 다른 거 같아. 상체 때문이라고 니 입으로 말하면서 단 한 번도 상체를 빼려고 노력하거나 고민하는 걸 본 적이 없어. 입으로만 '어떡하지?' 하는 애들 정말 별로야."

은영은 그 뒤로 선배에게 어떤 애기도 하고 싶지 않았다. 왠지 분한 느낌에 배신감까지 들었다. 여태 나한테 잘 해준 건 뭐지? 내가 선배에게 얼마나 잘 해줬는데, 어쩜 이럴 수가?

혼자서 별 생각을 다하며 회사를 그만 둘까도 생각했다. 하루가 어떻게 갔는지…. 퇴근시간 집으로 돌아오는 길에 쇼 윈도에 걸려있는 자신이 입고 싶은 노란색 티에 흰 반바지를 입고 선글라스를 낀 마네킹을 보니 선배의 말이 또 떠오른다.

한참을 쇼윈도를 바라보다 돌아서려 할 때 선배가 뒤에서 다가온다. 선배는 환한 미소를 띠며 은영에게 쇼핑백 하나를 건넨다.

"이거 입는 날까지 널 위해 너 스스로 노력하는 거야. 은영인 성격도 좋고, 일도 잘하고, 뭐든 잘 하는데 다른 직원들이 뒤에서 속닥거리는 거 듣기 싫어서 내가 큰 소리로 점심시간에 말한 거야. 많이 서운했을 줄 알지만 은영에게 해주고 싶은 말이기도 해. 너 자신을 아끼고 사랑해야 남들도 널 사랑하고 아껴줄 수 있어. 꼭 상체 때문은 아냐. 알지?"

은영은 선배를 와락 껴안으며 자기의 속이 얼마나 좁은지, 그리고 자기를 아껴준 선배를 믿지 못한 자기 자신이 얼마나 속이 좁은지 알고는 눈물을 흘린다.

그때 소나기가 쏟아진다. 선배는 은영을 데리고 근처 카페로 들어간다. 비도 피할 겸 선배로서 은영에게 해줄 말이 있어서 마침 분위기 좋은 창가의 자리를 잡는다.

"소나기에 대처하는 저 밖에 사람들 모습을 봐. 어떤 이는 뛰고, 어떤 이는 아무렇지도 않은 듯이 갈 길을 가고 있지. 그리고 우리는 이렇게 비를 피해 카페로 들어오고…."

은영은 선배를 바라본다. 항상 무슨 중요한 말이나 조언 같은 것을 해줄 때 먼저 이렇게 분위기를 잡는 선배가 고맙다. 사실 따지고 보면 선배가 자신에게 그처럼 돌직구를 날리며 충격을 준 적은 한 번도 없었다. 그렇기 때문에 상처가 더 컸었는지도 모른다.

"내가 좋아하는 말 중에 '소나기를 맞아라'는 말이 있어. 일종의 말장난인데 여기서 소나기란 '소중한 나를 기쁘게 하는 소통법'을 의미하지. 사회생활에서 가장 중요한 것은 소통이야. 아무리 뛰어난 능력을 갖고 있어도 소통할 줄 모르면 그 능력을 발휘할 수가 없어. 소통을 위해서는 무엇보다 먼저 상황에 나를 내려놓을 줄 알아야 해. 상황이란 미리 예측하기 힘들다는 점에서 마치 소나기와 같아. 물론 일기예보에 귀를 기울여 우산을 챙길 수 있다면 좋지만, 그렇지 않았을 때는 얼른 상황에 맞게 대처하는 것도 좋은 방법이겠지. 물론 뛰어서 피할 수 있다면 뛰는 게 좋고, 뛰어도 피할 수 없다면 한번쯤 맞는 것도 좋지. 이렇게 카페에 들러 피하는 것도 하나의 방법일 수 있고…."

은영은 선배의 말을 들으며 창밖을 바라본다. 소나기 그친 거리는 산뜻한 풍경을 연출하고 있었다. 은영은 말없이 선배에게 고맙다는 표현을 하고 있었다.

스펙보다 소통을 챙겨라

어느 때처럼 강연을 마친 후였다. 앞에서 눈망울을 똘망똘망 굴리던 한 학생이 강의가 끝난 뒤 수줍게 질문을 던졌다.

"교수님, 정말 진정성 있는 제 이야기가 면접관들에게 통할까요?"

강의를 다니다보면 생각보다 이런 질문을 많이 받는다.

스펙이란 specification의 약자로 학력, 학점, 자격증, 토익점수를 총칭하는 단어다. 물론 스펙이 아예 필요하지 않다는 말은 아니다. 대부분의 학생들이 스펙에서는 크게 차이를 보이지 않기 때문에 면접관들이 더욱 중요하게 여기는 것이 바로 열정과 아이디어가 담긴 자기소개서다.

문득 신문을 보다 한눈에 쏙 들어오는 글귀가 있었다.

"교만한 A+에게 하버드 문은 열리지 않았다"

− 2014년 8월 6일자 중앙일보

하버드 케네디스쿨의 인재 선발기준에 대한 기사였는데 최상위 대학인 홍콩대를 졸업한 A씨와 소위 스펙에 있어서는 별 볼일 없던 네팔 출신 B씨에 대한 내용을 담고 있다. A씨는 성적과 스펙이 뛰어났지만 사전 면접을 진행한 면접위원이 "교만하다"고 평가해서 결국 낙방했다. A에 비해 스펙에서 좀 밀리는 네팔 출신 B씨는 A의 태도와는 달리 낙후된 환경에 있는 자국 청년들에게 헌신하겠다고 면접관들에게 어필했고, 감동을 받은 면접관이 그의 바른 태도에 합격점을 주었다.

삼성 인사 담당 임원들이 인성면접에 대해 조언을 한 내용은 아래와 같다.

삼성 인사담당자가 말하는 인성면접 비결 4가지

1. 올바른 생활태도, 배우려는 자세, 동료들과의 좋은 관계
2. 면접자를 시험하기 위한 꼬리질문에 대처하는 가장 좋은 방법은 솔직한 답변
3. 추상적인 답변보다는 구체적인 경험과 생각을 상세히 답변할 것
4. 자기소개서는 면접의 기본바탕, 아주 꼼꼼히 쓰자!

취업을 준비하는 친구들을 보면 그저 이력서에 나열할 스펙 쌓기에 여념이 없다. 바로 옆 친구가 어떤 걸 좋아하는지, 지금 무엇을 하고 있는지 궁금해 하기보단 이력서에 넣을 스펙을 쌓기 위해 쉬지 않고 그저 앞으로 직진할 뿐이다.

그런데 사회가 원하는 인재는 무엇인가? 물론 기본 스펙은 갖춰야 한다. 하지만 사회는 아무리 스펙이 좋아도 자신에게만 관심 있는 구직자를 선호하지 않는다. 자신의 끼를 살려 자신감 있게 드러내고 남들과 소통하며 좋은 팀워크를 이끌어내는 리더십 강

한 인재를 선호한다. 이것은 삼성뿐만이 아니라 거의 모든 기업도 마찬가지다.

그래서 다시 한 번. 스펙만큼 소나기!

소중한 나를 기쁘게 하는 소통법!

이젠 좀 감을 잡았을 것 같다. 면접관이 어떤 질문을 하던 이 책을 읽는 학생들은 잘 대처할 수 있으리라 믿어 의심치 않는다.

무슨 일이든 사람으로 시작해서 사람으로 끝난다. 아무리 첨단 시대를 걷고 있는 우리라도 소통보다 중요한 건 없단 뜻이다.

소통을 잘하려면 무엇보다 먼저 상대방의 말을 잘 듣고 이해해야 한다. 서로에게 가장 중요한 소통 수단은 말과 행동, 눈빛이라 말해주고 싶다. 우리 주변을 살펴보면 같은 말이라도 참 밉게 하는 사람이 있는가 하면 사람의 감정을 울리는 사람이 있다.

여러분이라면 누구를 좋아하겠는가?

스펙은 자칫 잘난 체하는 것으로 비칠 수 있다. 하지만 자신을 잘 표현하는 소통은 사람의 감정을 울려 설득력 있게 다가설 수 있다.

따라서 취업을 준비한다면 스펙만큼 사람과 소통하고 경청하는 품성을 갖추기 위해 노력해야 한다. 평소에 잘 다져 놓은 소통의 기술이 면접에서 그대로 드리니기 미련이다.

스펙만큼 소통을 챙겨라. 이것은 취업 이후에도 가장 중요한 덕목이다. 스펙만 챙기다 보면 취업과 동시에 소통불능자로 추락할 수 있지만, 소통까지 챙기면 취업 후에 더욱 강력한 성공의 날개를 달 수 있다.

진정한 배려는 진정성 있는 소통이다

어느 노부부가 이혼할 위기에 놓여있다. 담당 변호사는 노부부의 마음을 돌려보고자 치킨을 한 마리 주문했고 상대방에게 주고 싶은 부위를 주라고 말했다. 할아버지는 닭 날개를 뜯어서 할머니에게 내밀자 할머니는 성질을 냈다.

"몇 십 년을 같이 살면서 내가 좋아하는 것을 주지도 않고 먹지도 못하는 닭 날개를 주더만 헤어지는 마당까지 닭 날개를 나에게 줘요? 나는 닭다리를 좋아한단 말이에요!"

그러자 할아버지는 이렇게 말했다

"뭔 소리를 그렇게 해! 나는 닭 날개를 제일 좋아한단 말이오! 하지만 내가 좋아하는 닭 날개를 내가 먹지 않고 할멈에게 줬는데."

결국 노부부는 닭고기를 먹지도 못하고 헤어졌다. 그날 밤 할아버지는 누워서 곰곰이 생각했다. '할멈이 닭다리를 그렇게 좋아했구먼. 여태껏 살면서 나는 왜 몰랐을까?' 라고 후회했다는 이야기다.

여기서 우리는 무엇을 얻어야 할까? 할아버지와 할머니는 서로의 이야기를 하지 않고 배려를 했지만 결국 파경에 이르렀다.

자신이 원하는 바를 얘기하지 않으면 좋은 관계를 유지할 수 없다. 따라서 자신이 원하는 바를 정확히 얘기하는 것은 매우 중요하다.

필자는 어린 시절부터 많은 국가에서 외국생활을 했다. 이사 가면 가장 먼저 했던 일이 옆집 사람과 친해지는 일이었다.

독일에서 생활할 당시 옆집에 사는 사람 루카스는 드럼연주자였다. 당시 시험 기간이었던 필자는 루카스의 신명나는 연주 덕에 그해 학교 시험을 계속 망쳤다. 참고 참다 결국 루카스의 집 문을 세차게 두드렸다. 영문도 모르는 루카스에게 다짜고짜 화를 냈고 얘기를 가만히 듣던 그는 정말 미안하다는 듯이 말했다.

"오, 정인. 정말 미안해. 나는 내 연주소리가 그렇게 방해되는지 몰랐어. 더군다나 공부를 하고 있었다니 정말 힘들었겠구나! 내가 너 없는 시간에 연주를 하던, 방음벽을 치든 조치를 취할게."

화를 낸 다음부터 루카스의 집은 잠잠해졌고, 필자는 깊은 후회를 했다. 조금 더 일찍 의견을 예쁘게 전달했더라면 성적표가 F로 채워지는 일은 방지할 수 있었을 텐데.

우리나라 사람들은 배달의 민족이 아닌 배려의 민족인 것 같다. 개인주의인 서양과는 달리 공동체의 삶을 중시하는 우리나라 사람은 자신이 곪고 곪을 때까지 자신의 의견을 상대방에게 전달하지 못한다. 그것이 남을 배려하는 기본적인 자세라 생각하기 때문이다. 하지만 그 배려하는 자세와 비례해서 홧병 지수가 높다. 참으로 안타까운 일이다.

과연 참는 것만이 남을 배려하는 것인지 생각해 볼 필요가 있다. 내가 행복해야 진정성 있는 배려가 남에게 전달될 수 있다. 내가 불행하면 언젠가는 곪아 터져 너 큰 상처가 될 수 있다. 자칫하면 홧병으로 인해 더 많은 사람을 불행의 늪으로 빠뜨릴 수 있다. 참는 것만이 결코 남을 배려하는 미덕이 아니라는 것을 알아야 한다.

우리 지금부터라도 진정성 있게 소통하는 연습을 해보자. 남에 의해 내가 불편하다면 끙끙 참지 말고 건의사항을 조목조목 차분하게 메모해보자. 그리고 상대가 앞에 있다고 생각하고 사전연습을 해보자. 상대로 인해 내가 어떤 기분을 느꼈고 그렇기 때문에 이렇게 해주면 좋겠다고 예쁘게 말하는 나를 보면 상대도 당연히 바뀔 것이다. 안 바뀐다면 그때 불같이 화를 내도 늦지 않다.

역지사지 소통전략의 위력은 강하다

 역지사지는 남의 입장에서 생각해보는 자세다. 하지만 흔히 쓰는 말과 달리 우리는 평소에 얼마나 역지사지를 실천하고 있을까?
 얼마 전 은행에서 겪었던 일이다. 평소 거래하던 은행에 가야할 일이 있어 연락을 취했다. 담당 직원은 시작부터 퉁명스럽게 전화를 받았다. 필자가 묻는 말에도 너무 성의 없이 대답하는 모습에 너무 화가 나 직접 은행을 찾기로 했다. 전화 받은 사람의 이름을 기억한 필자는 은행을 찾자마자 담당 직원부터 찾았다.
 하지만 직원을 보는 순간 화가 난 마음이 눈 녹듯 사라져버렸다. 동료직원의 휴가와 더불어 명절 직후 은행은 그야말로 눈코 뜰 새 없을 지경이었다. 전화를 받은 담당자 역시 한 눈에 봐도 매우 바쁜 상태였다. 고압적이라고 속으로 비판하던 필자는 담당자를 보자마자 괜히 미안해졌다.
 말만 잘하는 것이 소통이 아니다. 소통을 하기 위해서는 당사자 간의 대화도 중요하지만 놓여있는 상황도 매우 중요하다.

생각해보라. 필자가 은행원의 입장을 생각하지 못하고 화부터 냈다면 어떻게 됐을까? 생각만 해도 괜히 낯이 뜨거워진다. 왜 역지사지가 필요한지 새삼 느끼게 한다.

내가 말할 상황이 아닌데 자꾸 옆 사람이 대화하자고 조른다면 기분이 어떻겠는가. 같은 말이라도 상황에 따라 전혀 다른 결과를 가져올 수 있다.

때문에 '역지사지 소통법'은 매우 중요하다. 필자가 겪은 많은 경험을 토대로 아래와 같은 '역지사지 소통법' 4가지를 제안한다.

역지사지 소통의 전략 4가지

1. 상대방이 이야기할 상황인지 먼저 물어보라.
2. 내가 싫은 이야기는 상대방도 싫다는 것을 알라.
3. 상대방의 입장에서 한 번 더 생각해보라.
4. 나와 상대방이 서로 행복한 결론을 내라!

동양에 역지사지가 있다면 서양에는 칸트의 '정언명령'이 있다. '정언명령'은 '개인적인 행동 지침이 보편적 자연법칙이 되어도 좋다면 그 지침대로 행동하라, 내가 도적질을 하면 모든 사람들이 따라 해도 좋다고 여겨질 때 하라'는 이야기다. 반대로 내가 해서 다른 사람들의 비판의 대상이 된다면 하지 말아야 한다는 뜻으로 통하기도 한다.

칸트는 양심의 명령이라고 해서 모든 원칙보다도 절대적 위치에 정언명령을 두었다. 또 사람은 반드시 이 정언명령의 법칙을 실행해야 한다고 주장했다.

정말 쉬운 원칙이다. 쉽게 생각해보자. 내가 싫어하는 행동을 남은 좋아할까? 반대로 내가 좋아하는 행동을 남이 싫어할까? 이 원칙만 잘 지켜진다면 어쩌면 우리나라는 법 없이도 살 수 없는 세상이 될 수 있을 것이다.

소통은 사소한 것에서부터 시작한다

인사담당자인 지인이 필자에게 말해 준 이야기다.

"어제 기억에 남는 면접이 있어. 국내 굴지의 S대를 나온 최상의

임마누엘 칸트(1724~1804)

독일의 계몽주의 사상가. 데카르트에서 시작된 합리론과 베이컨에서 시작된 경험론을 종합했다는 평가를 받는다.
인식론·윤리학·미학에 걸친 종합·체계적인 작업은 뒤에 생겨난 철학들에 큰 영향을 주었다.

지원자였기에 면접 전까지 기대를 너무 많이 했나 봐. 그런데 막상 만나보니까 너무 별로더라"

"아, 그래? 왜 그렇게 느꼈는데?"

"우선 면접시간을 15분이나 늦었어. 게다가 말투가 너무 예의 없고 건방지다는 느낌을 받았어. 아마 그를 뽑으면 상사가 매우 괴로울 거야!"

결국 그 지원자는 떨어졌다고 한다. 지인에 말에 의하면 그 다음 들어온 지방대생이 결국 최종 합격을 했는데 첫인상도 좋았고 배려있는 말투와 직무에 대해 잘 아는 지원자인 것 같았다는 것이다. 결국 사소한 것이 당락을 결정했다는 말도 덧붙였다.

소통을 이루는 사소한 것들

1. 약속시간
2. 말투와 눈빛
3. 첫 인상
4. 눈치와 센스
5. 직책에 맞는 행동
6. 옷차림

티끌모아 태산이라는 말이 있듯, 그 학생은 소위 일류대생에 비해 부족한 것들을 사소한 것으로 꼭꼭 채웠고 결국 승리했다.

필자 또한 이 사소함을 매우 중요시하게 생각한다. 비즈니스 미팅에 가고자 할 때다. 우선 약속시간을 지키기 위해 일찍 일어난다. 미팅에 맞는 옷을 고르고 머리와 옷매무새를 단정하게 가다듬는다. 믿음을 주어야 할 자리라면 푸른색 계열의 옷을, 열정 넘치는 일에 동참할 때는 붉은 계열의 옷을 선택한다.

모든 것이 준비된 상태에서 진행하는 회의는 물 흐르듯 순조롭게 진행된다. 필자가 세심하게 준비했기 때문에 자신감도 생기고 상대방도 자신감 있는 나를 보며 내게 투자할 마음을 갖게 한다.

아무리 바빠도 가장 기본적인 것들은 절대 잊어서는 안 된다. '바쁠수록 돌아가라' 라는 말이 있듯이 바쁠수록 세부적인 디테일에 더욱 신경을 쓰자. 하나하나 작은 것들이 모여 '당신' 이라는 개인 고유의 브랜드를 만들어 낸다.

고삐를 잡듯 소통을 챙겨라

고삐? 소를 키워본 사람들은 아주 잘 안다. 예전 사람들은 농사를 짓기 위해 소를 길들였는데, 그 중에 하나가 코뚜레를 만드는 것이다. 소의 코를 뚫어 나무 고리를 위로 치켜 올리고, 거기에 줄을 매는데 그것을 고삐라고 한다. 세상 그 아무리 큰 소라도 고삐를 바투 잡으면 코뚜레가 코를 자극하여 꼼짝 못하게 만드는 것이다.

명심하라. 고삐를 바로 잡지 않고 엉뚱한 곳을 잘못 건드린다
면 소는 이리저리 뛰어다녀 어설픈 주인에게 치명적인 상처를
입힐 수 있다. – '본문' 중에서

소통도 이처럼 소의 고삐를 바로 잡아 통하는 일이다. 세상 그 아무리 큰 소라도 코뚜레 하나로 꼼짝 못하게 만들 수 있다는 것이 정말 신기하지 않은가?

한 입사지원자의 예를 들어보자. 면접관 앞에서 회사의 발전에는 관심 없고 자기의 자랑만 늘어놓는 지원자가 있다. 면접관이 원하는 것은 우리 회사에 들어온 이유, 회사에서 하고 싶은 일을 잘 아는 지원자를 선별하는 것이다.

반대로 자신이 좋아하는 음식, 5년 뒤 연봉과 같은 회사의 발전과는 관계없는 이야기를 하는 지원자를 면접관은 좋아하지 않는다. 면접관이 원하는 인재는 수많은 지원자 중 회사의 가려운 곳을 시원하게 긁어주는 눈치 있는 똑똑한 인재다. 이렇게 선발된 인재는 업무처리능력에서도 탁월한 능력을 발휘한다.

두 사원이 있다고 가정해보자. 업무의 내용은 해외 바이어를 가이드 하는 일이다. 두 사원 중 한 명은 토익 990의 영어 고득점자였고, 한 명은 영어에 능숙하지 못했다. 상사가 그 둘에게 각자 같은 업무를 맡겼다. 과연 누가 바이어의 마음을 유혹해 회사의 매출 증진에 기여를 했을까.

우리는 당연히 영어를 잘하는 사원이라고 추측한다. 왜냐하면 영어를 잘하기 때문에 외국인과 소통도 쉽게 이뤄질 것이라 생각하기 때문이다. 하지만 신기하게도 결과는 영어를 잘하지 못하는 직원이 바이어의 마음을 꽉 잡았다.

비법은 바로 눈치다. 영어를 잘하는 사람은 언어에만 능숙했을 뿐 바이어가 무엇을 원하는지에 대해선 전혀 파악하지 못했다. 하지만 영어를 못하는 사원은 자신의 부족한 영어 실력을 잘 알고 있기에 다른 작전을 펼쳤다. 몰래 바이어의 기본 정보를 검색해보고, 바이어가 무엇을 좋아하는지 어떤 성과를 내고 싶은지에 대해 정확히 간파했고 핵심을 찌르는 단어와 손짓으로 바이어를 유혹해 거래를 이끌어냈다. 바이어의 고삐를 정확히 잡아내 자신이 원하는 방향으로 유도한 것이다.

이처럼 우리는 스펙이 좀 부족하더라도 상대방의 코뚜레를 잡아 소통을 잘하는 이가 회사나 조직에서 훨씬 능력을 발휘한다는 것을 알 수 있다. 고삐를 잡듯 소통을 챙기라는 말은 상대방의 대화에서 고삐를 찾아 꽉 잡고 자신이 원하는 방향으로 대화를 이끌어가라는 뜻이다.

명심하라. 고삐를 바로 잡지 않고 엉뚱한 곳을 잘못 건드린다면 소는 이리저리 뛰어다녀 어설픈 주인에게 치명적인 상처를 입힐 수 있다.

소의 고삐를 잡는 마음으로 상대방이 원하는 바를 정확히 간파하라. 그리고 그 곳을 공략해서 당신의 목적을 이루어내라!

못다한 소나기 이야기

필자는 현재 기업과 지방자치단체를 상대로 여러 가지 협약 사업을 추진하고 있다.

2012년에는 지역브랜드 담당자로서 오산을 방문했을 때 아무런

연고도 없이 시장님을 찾아 뵙고 오산시에 대한 지역브랜드(교육. 경제. 문화)를 진행해 보고 싶다고 계획을 올렸다. 그 자리에서 시장님이 만들어준 실무자분들과 여러 가지 이야기로 소통하면서 금방 일을 시작할 수 있었다.

지금도 교육, 다문화, 안전총괄 등 여러 가지 사업을 진행하면서 식구처럼 지내고 있다. 그 덕분에 2014년 10월에는 오산시가 공로를 인정받아 대한민국 평생교육 대상을 수상하였다.

필자는 그동안 아이디어뱅크로 활동하면서 한국의 기업이 외국으로 입점할 때 위치, 로고, 네이밍, 컬러 등 현지에서 잘 적응할 수 있도록 해결해주는 역할을 담당했다. 한국 기업과 외국의 지자체가 상호간의 협업할 수 있는 장점을 찾아주고, 단점은 보완해주는 일이다.

예를 들어 중국 상해의 푸동신도시가 관광특구로 발돋음 하기 위해 노력할 때 한국은 경주. 일본은 오사카. 미국은 오렌지카운티. 중국은 푸동만이 보일 수 있는 국제중소기업박람처 등 네 나라를 잇는 관을 만드는 아이디어를 제공했다. 그래서 현지를 실제로 방문한 것처럼 소통할 수는 라인을 만들어 나간 것이다.

이런 사업을 할 때도 가장 중요한 것은 소통이다. 우리 입장만 말하지 않고 네 나라가 협업과 상생할 수 있는 모토를 제공해서 성사시킬 수 있었던 일이다.

필자는 현재 동국대학교 사범대학생들을 대상으로 취업진로설계를 담당하고 있다. 그때마다 학생들에게 취업을 위해서는 스펙도 중요하지만 그 못지않게 소통의 기술이 필요하다는 것을 강조하고 있다.

많은 사람들이 소통이라고 하면 말을 잘해야 한다고 생각한다. 그래서 말재주에 신경을 쓰는 경우가 많다. 누군가를 만나 대화와 협상을 할 때도 말재주로 상대를 설득하려는 경우가 많다. 물론 상대의 마음을 얻기 위해서 말재주는 중요한 수단이다. 하지만 조직이나 사회활동을 하다 보면 상대를 설득하는 데는 말보다 더 중요한 것이 있다는 것을 알게 된다. 상대를 설득해서 자신이 원하는 것을 얻기 위해서는 무엇보다 먼저 소통의 기술을 배워야 한다.

그래서 여러 뜻있는 강사들과 함께 소통과 관련된 책을 기획했고, 이제 이렇게 첫발을 내딛는 것이다. 이제 여러분들은 회사나 조직생활을 위해 꼭 필요한 소통의 기술을 접하게 될 것이다. 소통은 취업과 직장생활뿐만 아니라 일상에서도 원활한 인간관계를 유지하기 위해서도 꼭 갖춰야 덕목이다.

이 책에서 제시하는 소통의 기술을 단순히 지식으로만 받아들이지 말고 온몸으로 익혀 바로 실천할 수 있는 덕목으로 채워 나갔으면 한다.

내가 무슨말을 했느냐가 중요한 게 아니라
상대방이 무슨말을 들었느냐가 중요하다.
– 피터 드러커

"우리가 흔히 생각하는 짜증, 우울, 슬픔 등은 나쁜 감정이 아니다. 단지 부정의 감정일 뿐이다. 진짜 나쁜 감정은 '즐거움'을 '즐거움'인 줄 모르고 '실망'을 '실망'인 줄 모르는 것, 그래서 전혀 다른 얼굴로 표현하게 되는 것을 말한다."

감정을 열어라

이현영

감정표현에도 기술이 있다

넌 너무 이상적이야 네 눈빛만 보고

네게 먼저 말 걸어 줄 그런 여자는 없어

나도 마찬가지야 이렇게

  – 자자의 '버스 안에서' 중에서

한때 유행했던 노래에 등장하는 그녀는 자신을 마음에 들어 하면서도 아무 말도 없는 그가 답답하기만 하다. 남자친구 하나 없는 지금 그가 말이라도 걸면 좋겠는데…. 오죽하면 말 한 번 섞지 않은 그에게 '그렇게 쉬운 일도 망설이는 한심한 네 모습 무지무지 답답하다'고 말했겠는가.

물론 그에게도 사정은 있다. 좋아 죽겠는데도 부담스러울 만큼 도도해 보이는 모습에 말을 건넬 자신이 없다. 괜히 말했다가 앞으로 버스에서 마주치는 것조차 부담스러워지는 것은 아닐까 걱정이다.

그가 용기를 내서 말이라도 건네 보았으면 어땠을까? 제3자 입장에서는 남자친구 하나 없는 그녀가 쉽게 받아주었을 거라고 쉽게 짐작할 수 있다. 그런데 정작 당사자만 그것을 모르고 있다. 옆에 있다면 조언이라도 해주고 싶지만, 묻기 전에는 그 속마음을 알 수 없으니 쉽게 말해줄 수도 없다. 자신감 없이 망설이는 그에게 그녀는 일침을 가한다.

"네 눈빛만 보고 네게 먼저 말 걸어줄 그런 여자는 없어. 나도 마찬가지야."

이런 일이 과연 남녀 간의 문제에서만 있는 일일까? 우리는 말하지 않아도 누군가가 내 마음을 알아주길 기대한다. 그나마 연인이나 친구 관계라면 그래도 조금 나은 편이다. 적어도 눈앞에 보이는 손익 관계를 따지는 관계는 아니기 때문에.

하지만 직장이나 조직에서 업무 관계로 만난 사이라면 이야기가 달라진다. 힘든 일 도맡아 하며 묵묵히 일했는데 정작 일로 인정을 받지 못하고, 어쩌다 회식자리 분위기 메이커인 동료가 더 인정받는 모습에 서운함과 속상함으로 괴로워해 봤자 자신만 손해이기 때문이다.

며칠 전부터 팀장님 기분이 좋지 않아 보이는 것이 마치 나 때문인 것 같아 전전긍긍하다 조심스레 털어놓았더니 나와는 전혀 상관없는 다른 일이어서 안도감 이전에 허탈감에 빠졌던 적은 없었는가?

예전에는 묵묵히 맡은 일만 해도 자리가 보전되던 시대였지만, 지금은 맡은 일만 하다가는 언제 구조조정으로 밀려날지 모르는 시대로 바뀌었다. 직접 말하지 않고 마음을 알아주기만을 기다린다는 것은 사랑하는 사람을 앞에 두고 아무 말도 못한 채 놓쳐 버리는 것보다 더한 상처를 받을 수 있다.

그렇다. 지금은 표현해야 알아주는 시대다. 특히 보이지 않는 감정일수록 더욱 그렇다. 아무리 좋은 감정도 말하지 않으면 상대가 알 수 없어 관계가 소원해 질 수 있다.

"그걸 꼭 말해야 아나?"

간혹 긍정의 감정을 표현하지 못하는 사람 중에 이렇게 말하는 경우가 있다. 물론 겉으로 드러나는 표정으로 나름대로 공감할 수 있는 부분이 있으니 다행이라고 할까? 하지만 이것도 위험한 발상이다. 조직에서 누군가에게 기쁜 일이 있는데 말로 표현해 주지 않으면 샘을 놓는 것으로 오해를 살 수 있으니…. 기쁜 일 또한 적극적으로 표현하며 호응해 줘야 한다.

긍정적인 감정도 이럴진대 부정적인 감정은 어떠하겠는가? 그동안 우리는 부정적인 감정은 표현하지 않고 참는 것이 상대에 대한 예의라고 배웠다. 물론 지금도 이것은 관계를 맺는데 매우 중요한 덕목인 것은 사실이다. 하지만 과연 부정적 감정을 참기만 하는 것이 능사일까? 많은 사람들이 부정적 감정을 표현하지 않고 참는다고 하지만, 그것은 매우 어려운 일이다. 어떻게든지 표정이나 말 한 마디에 묻어나기 마련이다. 오히려 참았다고 착각하면서 상대에게 그대로 감정을 전달해서 더욱 관계를 악화시키는 경우가 많다. 어디 그뿐인가? 참다 참다 못해 한꺼번에 몰아서 터트려 아예 관계를 파국으로 몰아가는 경우도 많다.

부정적 감정을 참는 것은 마치 고압가스를 꾹꾹 눌러 놓는 것과 같다. 어느 한 순간 폭발하면 수습하기 힘든 대형 참사를 일으키기 때문이다.

그래서 우리는 관계를 유지하기 위해서는 감정을 표현하는 법을 배워야 한다. 간혹 솔직한 감정을 표현하라고 했더니, 자신의 감정을 배설하듯 마구 뱉어내는 사람도 있다. 이것은 오히려 관계를 더욱 악화시키는 것이다.

감정을 표현하기 이전에 알아야 할 것은 그 감정을 어떤 모습으로 내보일 것인지, 그리고 밖으로 꺼내기 전에 내가 가진 또는 상대가 가진 감정이 어떤 것인지를 잘 아는 과정이 필요하다.

얼굴은 내 것, 표정은 남의 것

통과장은 이번에 새로 들어온 신입사원 소영 씨 때문에 고민이다. 밝고 싹싹해서 선배들에게 예쁨을 받는 편이지만 한 가지 흠이라면 그는 표정에 모든 감정이 나타나 당혹스러운 적이 한두 번이 아니다. 얼마 전 소영 씨에게 지시하여 전달한 부서 공지사항에 내용이 잘못되어 스무 명 가까이 되는 직원들이 회의 시간에 참석하지 못한 사건이 발생했다. 풀이 죽어 있는 모습이 안돼 보여서 크게 나무라지도 못하고 조금 잔소리를 했을 뿐인데 곧 이어 사무실에 잠시 들른 본부장님께서 소영 씨의 안부를 묻자 소영 씨가 통과장을 힐끔 쳐다보며 여전히 풀이 죽은 목소리로 이렇게 말하는 것이 아닌가.

"신입이라 실수를 많이 해서 선배님들께 피해를 많이 드리는 것 같습니다."

본부장이라는 자리가 일만 잘해서 올라갈 수 있는 자리던가. 눈치 빠른 본부장님은 상황 파악이 빠르다.

"통과장도 신입 시절이 있지 않았나? 적당히 해!"

통과장은 한 마디 툭 남기고 가는 본부장님이 서운하다.

'저 약속 있으니 제발 일 시키지 마세요.'

퇴근 시간 30분 전부터 안절부절못하는 표정하며, 일이 서툴러 조언을 해줬을 뿐인데 세상이 무너진 듯 축 쳐져 있는 모습에 누구 하나 소영 씨에게 업무 지시를 하려 들지 않는다.

신입사원이 들어온 건지 상사가 들어온 건지 헷갈린다는 통과장은 이젠 신입사원 눈치까지 봐야 하냐며 한숨을 쉰다.

"탈이 좋다."

영화 '타짜'에서 정마담 역의 김혜수가 주인공 고니 조승우에게 한 말이다. 상대에게 패를 들키지 않아야 하는 게임에서는 패가 좋든 아니면 탈을 쓴 것처럼 표정 변화가 없어야 한다는 것이다. 흔히들 포커페이스라고 말하지 않던가.

"표정 관리를 잘 하라."

처음 입사하면 많은 선배들이 신입사원에게 가장 먼저 들려주는 말이다.

사실 신입사원에게 업무적인 능력을 기대하는 경우는 거의 없다. 우선적으로 기대하는 것은 후배 사원으로서 열심히 하려는 모습, 선배를 존중하는 태도 정도이다. 그런데 열심히 하려는 모습은 보이는 것 같은데 표정이 어둡거나 "선배, 선배." 하면서 따라다니기는 하지만 표정이 떨떠름하면 그것을 지켜보는 선배나 상사는 혼란스러울 수밖에 없다.

비단 신입사원의 경우만이 아니다. 많은 직장인들이 표정관리 때문에 울고 웃는 상황이 발생한다. 무표정한 모습에 오해를 산다거나 당황하는 표정을 숨기지 못하고 자주 내비치는 바람에 능력을 의심받기도 하며 심지어 진급에도 영향을 미친다고 하니 결코 단순한 문제는 아닌 듯하다.

"원래부터 표정이 없는데 어떻게 한 순간에 바꾸느냐?"

필자의 후배가 가장 많이 하는 하소연이다. 하지만 표정이란 것은 타짜에서 말하는 탈과 같은 존재가 아니다. 마음 먹고 노력하면 얼마든지 바꿀 수 있다.

필자는 무언가에 집중할 때마다 미간을 찌푸리는 버릇을 가지고 있었다. 일부러 그런 것도 아닌데 중요한 문서작성 등의 업무를 할 때면 필자도 모르게 오만상을 찌푸리곤 했다. 분명히 집중해서 다른 사람의 이야기를 듣고 있는데 누군가가 와서 조심스레 기분 나쁜 일이 있냐고 물어 당황했던 적도 있었다. 그렇다고 늘 웃고 있자니 그것도 부자연스럽고 실시간으로 표정을 모니터링 할 수도 없지 않은가.

다행히 필자에게는 좋은 모니터링 요원이 한 명 있었다. 같은 팀에 있던 친한 선배는 필자가 인상을 찌푸리는 모습을 볼 때마다 필자 눈앞에서 손가락으로 "딱!" 소리를 내며 미간을 가리켰다. 그럴 때마다 마치 중요한 무언가가 생각난 듯 표정을 신경 쓰기 시작했고 꽤 오랫동안 반복하다 보니 이제는 혼자 있을 때에도 마음속으로 '표정! 표정관리!' 하고 스스로 외치게 된다.

하루 이틀의 노력으로 사람의 표정을 바꾸기란 쉽지 않다. 만약 스스로의 표정을 관리하는 것이 어렵다면 주변의 친한 지인에게 모니터링 요원 역할을 부탁해 보자.

평소 내가 어떤 표정을 짓고 있는지, 그럴 때마다 상대방에게 어떤 느낌을 주는지 그 동안 나의 표정에 대해 미처 몰랐던 부분을 발견하게 될 것이다.

이번에는 상황에 따른 표정관리가 어려운 경우에 대해 이야기해 보자. 직장 상사의 잔소리에 나도 모르게 표정이 굳어지고 인상을 쓰게 되는가? 갑자기 쏟아진 업무에 '저 불만 있어요.' 라는 표정으로 이야기하는가?

내 마음대로 표정을 짓지도 못하냐며 억울해 하면 안 된다. 세상에는 내 것인 듯 내 것 아닌 내 것 같은 것이 종종 있다. 표정도 그 중의 하나다. 얼굴은 내 것이지만 표정은 내 것이 아니다. 특히 직장생활에서는 더더욱 그렇다.

생각해 보자. 내 표정은 내가 바라보는 것보다 타인이 바라보는 시간이 월등히 많다. 꼭 타인에 대한 예의와 배려를 이야기하지 않더라도 현명한 직장인이라면 이미 알고 있을 것이다. 밖으로 보여 지는 표정을 잘 관리함으로써 나에게 돌아올 이득이 무엇인지 말이다.

"감정적이다."

"프로답지 못하다."

자신의 표정을 제대로 관리하지 못하는 사람을 보고 하는 말이다.

본인은 누구보다 이성적인 사람일 수도 있고 누구보다 프로다운 사람일 수도 있지만 표정 하나 때문에 상대에게 부정적인 이미지를 각인시킨다면 어떨까?

표정 관리를 잘한다는 것은 늘 웃는 얼굴이어야 한다는 말이 아니다. 오히려 보수적이고 수직적인 조직문화를 가지고 있는 집단에서는 그저 생글생글 웃는 모습을 오히려 좋지 않게 보는 경우도 있다.

그래서 많은 회사의 선배들이 신입사원에게 너무 웃지 말라고 충고를 한다. 신입 때는 상대적으로 일이 많지 않은데 실없이 웃는 모습을 보이는 것은 자칫 일이 없다고 히죽거리는 모습으로 보일 수 있기 때문이다. 물론 신입이 괜히 인상을 쓰면서 분위기를 흩트리는 것보다는 가급적 밝은 미소로 분위기를 띄어주는 것은 좋지만, 그 정도를 적당히 해야 한다. 무조건 웃는 얼굴이 좋은 것이 아니라 상황과 분위기에 맞게 적당히 표정관리를 해야 한다.

필자의 지인 중에는 늘 웃는 얼굴 때문에 오해를 받은 적이 많다며 어려움을 토로하기도 했다. 심지어 군대에서 선임에게 혼나고도 히죽히죽 웃는 바람에 늘 남들보다 2배로 맞았다는 웃지 못할 일화를 들려주기도 했다.

어디 군대뿐이겠는가. 아무리 웃는 게 좋다지만 상황과 장소 정도는 구분할 줄 알아야 그 웃음이 빛을 발하는 것이다. 일하는 내내 미소를 잃지 않는 서비스업에 종사하는 사람들도 때로는 미소를 거둔 무표정이 더욱 신뢰감을 주고 고객의 마음을 사로잡기도 한다는 것을 우리는 알고 있지 않은가.

자신이 느끼는 감정을 사실대로 표현하는 것은 매우 좋은 일이지만 타인과 함께하는 순간만큼은 내가 느끼는 감정을 오롯이 표정에 모두 담지는 말아야 한다. 특히 부정적인 감정이라면 내 스스로의 이미지를 위해 숨길 필요가 있다.

왜 내가 든 패를 모두에게 보여주며 게임을 하려 하는가? 패를 숨긴 채 하는 게임이 훨씬 짜릿하고 또 이길 가능성도 많다는 것을 잊지 말자.

썩은 사과 길들이기

날씨가 더워서 짜증 나
야근 때문에 짜증 나
부장님 때문에 짜증 나
회식 때문에 짜증 나

입만 열면 "짜증 나"라는 말을 달고 사는 사람들을 주변에서 종종 볼 수 있다. 그 어떤 짜증이라도 받아주는 입장에서 달가울 리 없지만 가장 난감하고 위험한 것은 이유 없는 짜증이다.
"그냥 짜증 나. 다 짜증 나."
짜증의 이유가 있다면 그것을 해결하거나 보완하면 감정은 다스리기 쉬워진다. 하지만 이유 없는 짜증은 누구도 쉽게 해결하거나 보완해 줄 수 없다. 오히려 그 부정의 감정은 주변까지 전염시켜 트러블 메이커가 되고 만다.

냉장고에 썩은 사과 한 개와 싱싱한 사과 아홉 개가 있다. 싱싱한 사과가 훨씬 많지만 과연 아홉 개의 사과가 한 개의 썩은 사과를 회복시킬 수 있을까? 다들 알고 있는 깃처럼 썩은 사과가 다시 싱싱해질 수는 없다. 오히려 한 개의 썩은 사과가 아홉 개의 싱싱한 사과를 빨리 썩게 만들 뿐이다.
미국의 정치가인 딘 애치슨(Dean Acheson, 1893~ 1971)은 같은 통 속에 들어있는 사과 중에 썩은 한 개의 사과가 싱싱한 다른 사과들을 모두 썩게 만든다는 '썩은 사과 이론'을 주장했다. 이것은 비단 사과뿐만 아니라 많은 조직에서 부정적인 한 사람이 전체 그룹을 망친다는 뜻으로도 통한다.

과연 내가 속한 조직의 구성원은 어떠한가? 나는 그 중 어떤 역할을 하고 있는지 혹시 내가 부정적인 한 사람, 즉 썩은 사과는 아니었는지 돌아볼 필요가 있다.

홍보팀 소대리는 뛰어난 업무능력으로 경쟁사로부터 스카우트된 핵심인재다. 그는 회사에서 새로운 프로젝트를 진행하여 큰 성과를 내기도 하고, 늦은 시간까지 야근을 하며 일에 대한 열정을 보여 임원들에게 신뢰와 촉망을 받고 있다. 하지만 동료들은 왠지 그가 불편했다. 단순히 그의 능력이나 실적 때문에 생긴 질투와 같은 감정이 아니다.

소대리는 자신의 업무에 있어서는 완벽한 사람이다. 하지만 그 완벽성 때문에 일이 잘 풀리지 않을 때는 늘 미간을 찌푸린 채 눈을 부릅뜨고 좀처럼 누구와도 말을 섞지 않는다. 업무가 많을 때에는 그러려니 이해해주는 팀원들이지만, 가끔 이유도 모른 채 이른 출근 시간부터 인상을 쓴 채 앉아 있는 소대리를 볼 때마다 팀원들은 답답했다.

그럴 때 누군가 업무와 관련하여 문의 전화를 하거나 말을 걸면 기다렸다는 듯 거친 말을 쏟아낸다. 같은 팀원들은 아침 출근길이면 마치 오늘의 날씨를 살피듯 소대리의 기분이 어떤지를 서로 살폈고, 그의 기분이 조금이라도 안 좋아 보이는 날이면 장맛비를 가득 머금은 검은 구름을 건드리지 않으려는 듯 발걸음도 조심히 움직인다.

　당신의 주변에도 소대리와 같은 사람이 있는가? 저런 사람 꼭 있다며 맞장구를 치거나 아니면 혹시 내 얘긴가 싶어 뜨끔할 사람이 있을지도 모르겠다.

　냉장고의 썩은 사과라면 당장 들어내 버리겠지만 사람은 냉장고의 썩은 사과처럼 쉽게 들어내고 버릴 수 있는 존재가 아니다.

　더 심각한 것은 문제를 유발하는 그 자신은 본인이 썩은 사과처럼 조직을 시들게 하는 존재인 것을 전혀 인지하지 못하고 있을 가능성이 크다는 것이다.

　일단 소대리는 자신의 감정을 제대로 컨트롤하지 못하고 바깥으로 거침없이 분출하는 부정적인 면을 분명 가지고 있다. 하지만 업무에 관련해서는 긍정적인 면이 더욱 많은 사람이다.

　그렇다면 어떻게 이 상황을 처리해야 하는가? 썩은 사과를 그대로 둘 수 없으니 어떤 식으로든 대책을 세워야 한다. 그것은 다음과 같은 두 가지 방법 중 하나를 선택할 수 있다.

① 먹구름의 소대리가 잠잠해질 때까지 건들이지 않는다.
② 소대리의 선임이 그 문제에 대해 직접 이야기한다.

　첫 번째 방법은 현재 상태와 별반 다르지 않으면서도 더욱 많은 사람들이 희생해야 하는 방법이다. 그의 기분이 저절로 나아질 때까지 그저 기다리는 것이다. 소대리를 자극하지 않음으로써 큰 리스크 없이 지나갈 수 있으나 지금까지와 마찬가지로 다른 팀원들이 눈치를 보고 불편한 상황을 겪거나 혹은 포기하는 수밖에 없다.

두 번째 방법은 어떤가? 언급했던 것처럼 소대리는 업무에 너무 몰두한 나머지 다른 것들은 전혀 인지하지 못하고 있을 수 있다. 그렇다고 합리화할 수는 없지만 다른 장점이 많은 그가 스스로 잘못된 행동을 고칠 수 있는 기회 정도는 줄 수 있어야 한다.

이 때 소대리에게 어떻게 의견을 전달하는지가 관건이다. 누군가가 네 행동이 잘못되었다고 '지적'을 하는 순간 사람은 자연적으로 방어 태세를 갖추게 되거나, 변명 또는 적반하장으로 화를 내는 경우가 많다. 그러면 오히려 관계가 더욱 악화될 수가 있다.

따라서 상대의 장점을 인정하며 대화의 흐름을 바로 잡아야 한다. 당신의 잘못을 지적해서 고치려고 하는 것이 아니라 우리의 좀 더 나은 관계에 대해 의견을 나누고 싶은 것을 보여 주어야 한다.

여기서 주의할 것은 결코 다른 사람의 의견을 대변하는 것처럼 하지 말고 당사자의 의견을 직접 전달하는 것이 좋다. 당신 때문에 다른 사람들이 불편해 한다는 말은 자칫 듣는 사람으로 하여금 소외감을 불러일으킬 수 있기 때문이다. 또한 문제를 콕 집어 말하지 않더라도 이해할 수 있도록 완화된 표현으로 대화를 이끌어 나가야 한다. 아무리 좋은 말이라도 상대의 감정을 상하게 만들면 오히려 역효과를 불러 올 수 있다.

① 소대리, 업무 때문에 예민해 지는 것은 알겠는데 그러니까 다들 소대리 눈치를 보더라고. 힘들더라도 그런 것은 좀 고쳤으면 좋겠어.

② 소대리, 업무 때문에 많이 바쁘지? 후배들도 소대리를 본받고 싶어 하던데 잘 좀 봐줘. 소대리 아니면 누가 또 업무를 그렇게 잘 가르쳐 주겠어?

내가 소대리라면 상대방이 어떻게 말할 때 더 끌리겠는가? 상대가 문제점을 깨달으면서도 감정이 상하지 않게 하려면 먼저 입장을 바꿔봐야 한다.

익숙한 감정이 발목을 잡을 때

재민 씨는 요즘 들어 업무에 집중이 잘 되지 않는다. 야근과 주말출근을 밥 먹듯 하던 지난달과 달리 이번 달은 야근도 주말출근도 거의 하지 않았다. 새로 맡게 된 업무는 평소 관심이 많았던 분야이고 꼭 해보고 싶은 일이기도 했다. 늘 옥박을 지르며 엄격한 모습이 꼭 군대 선임 같던 이 팀장 대신 재민 씨를 지지해주고 배울 점도 많은 나팀장 밑에서 일하게 된 것도 행운이었다. 더욱 열정적으로 일할 수 있을 거라 생각했는데 왜 자꾸 마음이 불편하고 집중이 되지 않는지 이유를 모르겠다.

그렇게 스트레스를 받던 어느 날, 친구와 술잔을 기울이며 고민을 털어놓다 재민 씨는 자신의 고민이 어디서부터 시작된 것인지 깨닫게 되었다.

학창 시절 반에서 1등을 놓치지 않는 학생이었던 재민 씨는 사업으로 큰 성공을 거둔 아버지 덕분에 부유한 가정에서 걱정 없이 자랐다. 어릴 때였다면 친구들 앞에서 잘난 척도 할 법한데 그럼에도 재민 씨가 늘 겸손하고 성실할 수 있었던 것은 아버지의 가르침이 컸기 때문이다.

시골에서 자라 자수성가하신 아버지는 사업이 안정된 후에도 절대 쉬는 법이 없었다. 사업이 잘된다고 마음을 놓았다간 언제 다시 힘들어질 줄 모른다며 쉼 없이 돌아가는 팽이처럼 끊임없이 일을 하셨다.

문제는 아버지의 그런 삶의 태도가 재민 씨에게도 고스란히 전해졌다는 것이다. 아버지는 1등 성적표를 가지고 온 재민 씨에게 늘 칭찬 대신 따끔한 가르침과 훈계를 하셨다. 지금은 1등이지만 금세 2등이 되는 것은 시간문제라며 잠시도 긴장을 늦추면 안 된다며 큰 격차로 2등을 이기지 않으면 1등을 하더라도 항상 혼이 났다. 남들이 모두 부러워하는 대학에 합격했을 때에도, 좋은 직장에 입사했을 때에도 재민 씨는 아버지로부터 '지금부터 시작이니 더 열심히 하라'는 말만 들었을 뿐이다.

그러다 보니 점점 재민 씨는 좋은 일이 생겨도 내 것이 아니라는 생각에 기쁘고 좋은 감정을 즐기는 것에 무뎌지게 되었고 오히려 어려움이 닥치거나 누군가로부터 혼이 날 때 더욱 능력을 발휘하는 모습으로 변해갔다.

최근 재민 씨는 모든 일이 너무 잘 풀리는 느낌이라 오히려 불안하고 초조하기만 하다. 동료들이 모두 부러워하는 부서로 발령이 났고, 평소 관심이 많았던 업무라 그런지 발령 3주 만에 남다른 성과를 내서 본부장님 지시로 전사 월례회의를 주관하기도 했다. 그런 재민 씨를 늘 응원하고 지지해주는 나팀장까지 있으니 어느 것 하나 부족할 게 없어 누군가는 '지금이 재민 씨의 전성기'라며 맘껏 누리라고 했다. 하지만 재민 씨는 그저 마음이 편치 않다.

왜 이런 상황이 생기는 걸까? 누군가는 걱정도 팔자라며 배부른 소리라고 하겠지만 재민 씨가 살아온 방식에서는 어쩌면 당연한 일일지도 모른다. 재민 씨는 항상 아버지로부터 또는 본인으로부터 지금보다 더 잘해야 한다는 채찍질을 하며 살아왔다. 그러다 보니 어떤 성과를 내더라도 취하는 행동과 느끼는 감정이 거의 비슷했다. 좋은 성과를 냈을 때에는 그것을 즐길 만도 한데 '더 열심히 해야 한다, 지금으로서는 부족하다'며 더욱 조바심을 냈고, 그러다 보니 성과를 잘 내지 못했을 때에는 오죽했으랴.

재민 씨의 문제는 감정의 편향으로부터 시작되었다.

〈감정은 습관이다〉의 저자 박용철 원장에 의하면 우리 뇌는 유쾌하고 행복한 감정이라고 해서 더 좋아하는 것이 아니라 그것이 어떤 감정이건 익숙한 감정을 선호한다고 한다. 불안하고 불쾌한 감정일지라도 그것이 익숙하다면, 뇌는 그것을 느낄 때 안심한다는 것이다.

재민 씨는 어릴 때부터 유쾌하고 행복한 감정을 제대로 느낀 적이 없었다. 항상 더욱 열심히 해야 한다는 강박관념과 언제 안 좋은 일이 생길지 모른다는 불안을 늘 안고 살아 왔다. 그렇게 편향된 부정의 감정을 사용함으로써 그것에 점차 익숙해지다 보니 긍정의 감정을 느껴야 할 상황이 오면 오히려 그것이 불편하고 불안하게 느껴지는 것이다.

우리는 주변에서 재민 씨와 같은 사람을 종종 만날 수 있다. 나만 일이 잘 안 풀리는 것 같고 그러다 좋은 일이 생기면 감사하게 받아들이고 즐기기는커녕 그것을 어색해하고 언제 다시 나쁜 일이 생길지 모른다며 불안해한다. 그러다 결국 나쁜 일이 생기면 '그럼 그렇지, 송충이는 솔잎을 먹고 살아야지'라며 당연시하기도 한다.

좋은 일이 생겼을 때 그것을 맘껏 즐겨도 모자랄 텐데 좋은 일이 생겼을 때조차 마치 나쁜 일이 다시 생기기를 바라는 격이라니 좋

감정은 습관이다

- 부정의 나를
  긍정의 나로 바꾸는 힘

박용철지음
추수밭 출판사

은 일이 오다가도 도망갈 일이다.

　필자 주변에도 자신에게 좋은 일이 생기거나 누군가 칭찬을 하면 불안하고 오히려 잔소리를 하거나 화를 내줘야 마음이 놓인다는 사람들을 여럿 보았다.

　감정의 편향을 바로잡아야 하는 진짜 이유는 스스로의 안녕과 행복을 위해서이기도 하지만 자신의 감정 편향이 타인에게 향했을 경우를 조심해야 하기 때문이다.

　우리는 직장생활을 하면서 많은 동료와 다양한 사람들을 만나며 그들과 서로 영향을 주고받는 관계가 된다. 특히 직장이라는 조직의 특성상 영향을 주는 쪽은 대부분 선임인 경우가 많고 받는 쪽은 후임인데다가 일방적으로 받게 되는 경우가 많다. 직장에서 후배가 나의 칭찬에 어색해하고 잔소리와 쓴 소리에 익숙해 한다면 그 동안 자신의 부정적 감정 편향에 이미 물들고 있음을 나타내는 증거다.

　부정의 감정 편향에 익숙했던 사람이라면 지금부터라도 감정의 방향을 바로 잡아야 한다. 무조건 기쁘고 즐거운 감정만 느껴야 한다는 말이 아니다. 우리 민족에게는 희노애락(喜怒哀樂)의 다양한 감정이 있다. 기쁠 때에는 기쁜 감정을, 슬플 때에는 슬플 감정을 마음껏 느끼는 것이 내 감정의 주인으로서 할 일이다.

　처음 채식을 시작하는 사람은 고기만 먹던 습관 때문에 채소가 그렇게 맛이 없을 수가 없다고 한다. 그러나 채식을 반복해서 하다보면 점점 적응이 되고 입맛도 변해 체질까지 개선이 된다고 한다. 몸에 좋은 채소를 처음 접하는 것처럼 처음에는 익숙하지 않더라도 다양한 감정을 맘껏 느끼고 누리도록 노력해 보자.

생각의 나비효과, 감정의 눈덩이

만약 누군가가 한밤중에 '치킨을 떠올리지 마.'라고 말한다면 어떨까? 분명 떠올리지 말라고 했지만 이미 '치킨'이라는 단어가 머릿속에서 둥둥 떠다닐 것이다. 나아가 '치킨'이라는 두 글자뿐만 아니라 치킨과 관련된 다양한 생각이 곧 머릿속 가득 차는 신기한 경험을 하게 될 것이다. 물론 변수는 있다. 배가 고플 때는 치킨에 대한 관심도가 높아지니 더 오랫동안 치킨을 떠올리게 될 것이고 배가 부를 때는 아무래도 치킨에 대한 관심도가 낮아져 금세 잊고 다른 생각을 할 수도 있을 것이다.

치킨 – 맛있겠다 – 다양한 브랜드 – 치맥 – 지난 회식 – 소대리 – …

치킨과 소대리의 공통점이 무엇일까. 기껏해야 소대리가 치킨을 좋아한다거나 지난 회식 때 옆에 앉은 사람이 소대리였다 정도 아니겠는가. 그러나 치킨을 생각하며 소대리를 떠올린 머릿속에서는 점점 더 이상의 치킨은 온데간데없고 소대리에 대한 생각만이 꼬리에 꼬리를 물고 이어진다.

통과장은 지난 회식 때만 생각하면 기분이 좋지 않다. 그 날은 부서의 영업 실적 달성을 축하하는 자리라 모두가 즐겁게 회식을 즐기고 있었다. 영업 실적을 130%나 달성한 통과장은 거의 회식의 주인공이나 다름없었고 상사와 동료, 후배 할 것 없이 모두 통과장을 축하해주고 추켜세워 주었다. 그런데 갑자기 소대리가 일어나더니 그만 가 봐야 할 것 같다며 나가버리는 것이 아닌가. 집에 일이 생겼다며 둘러댔지만 통과장이 보기에는 핑계 같았다. 왜 그랬을까 아무리 생각해봐도 도무지 적절한 이유가 생각나지 않았다. 그래서 잠시 생각을 접어두고 즐거운 회식자리를 마저 끝냈는데 집으로 돌아오는 길에 불현듯 다시 소대리가 떠올랐다.

'정말 집에 급한 일이 있었을 거야. 집에서 걸려온 전화를 받고 오후부터 표정이 안 좋던데.'

'그래도 그렇지 어떻게 그럴 수 있어? 지금 내 실적을 인정하지 않는 거야 뭐야?'

많은 생각들이 앞 다투어 머릿속을 차지하다 갑자기 지난달 말 실적 집계하던 그 날이 떠올랐다. 통과장과 소대리는 거의 비슷한 영업 실적을 달성했는데 부서비용으로 구매한 내역을 통과장이 자신의 실적에 포함시켜서 결과적으로 소대리보다 더 높은 실적을 낼 수 있었다. 원래는 부서 총무를 맡고 있던 소대리의 실석에 들어가는 것이 맞았지만 어쩌다 보니 통과장의 실적에 포함된 것이다.

실적 집계하던 그 날로 생각이 거슬러감과 동시에 통과장은 불편한 마음이 들었다. 그때 분명히 흔쾌히 그리 해도 된다고 먼저 말했던 것은 소대리였다. 그런데 시간이 한 달이나 지났는데 막상 자신이 포상금까지 받는 모습을 보니 아마 소대리가 심술이 나서 그런 것이라고 생각했다.

그 날부터 계속 통과장은 소대리가 신경 쓰였다. 신경 쓰지 않으려 해도 자꾸만 회식 날 소대리의 얼굴 표정이 생각이 났다. 조금만 표정이 안 좋아도 실적 때문에 그런 것인가 생각이 들고 그가 자신을 보며 웃음을 보이면 마치 나를 우습게 보는 건가 싶어 기분이 상했다.

한 가지만 생각해보자. 정말 소대리는 통과장을 질투했던 걸까? 물론 그랬을 수도 있지만 반대로 통과장 혼자만이 상상의 나래를 펼친 것인지도 모를 일이다. 회식 날에는 정말 집에 일이 있어서 그랬던 것이고 그 후에는 소대리도 아무런 거리낌 없이 통과장을 대해 왔을 수도 있다. 그렇다면 왜 통과장은 이미 진작 끝난 회식 날의 상황을 잊지 못하고 계속 떠올리고 소대리를 신경 쓰고 있는 것일까?

우리는 여기서 평소 나의 스토리텔링 방식이 어떠한지 돌아볼 필요가 있다. 스토리텔링이란 어릴 적에 동화에서만 보던 이야기가 아니다. 우리는 살면서 늘 스토리텔링을 한다. 평소에 나누는 대화, 회의 때 주고받는 의견 그 모든 것들이 스토리텔링이다. 그러나 그 스토리텔링을 하는 방식은 모두가 다르다.

스토리텔링의 종류는 크게 두 가지로 나눌 수 있다. 사실적 스토리텔링과 감정적 스토리텔링이다. 사실적 스토리텔링은 어떠한 사건이 곧바로 우리의 감정이나 행동이라는 특정한 결과를 가져온다고 생각하는 것이고 감정적 스토리텔링은 어떠한 사건에 생각 또는 감정이 더해져 결과를 가져온다는 것이다.

이를 긍정 심리학의 창시자 마틴 셀리그만은 'ABC연결고리'라고 명명했다.

ABC 연결고리

사건(Accident) - 믿음(Belief) - 결과(Consequences)의 연결고리 :
어떠한 사건과 결과 사이에는 반드시 우리의 믿음이 존재한다.

어느 날 회사 후배가 나에게 인사를 하지 않고 그냥 지나쳤다고 가정해보자. 기분이 어떨까? 아마 대부분은 불쾌한 감정을 느낄 것이다. 이것이 ABC의 연결고리 즉 감정적 스토리텔링을 한 것이다. 인사를 하지 않은 사건 그 자체로 우리는 불쾌함을 느낄 수 없다. 다만 후배가 인사를 하지 않았다는 것은 '나를 무시했다.'라든지 하는 믿음이 있었기 때문에 불쾌한 감정을 느끼게 되는 결과를 가져오게 된 것이다.

평소 잊혀 지지 않는 치킨 같은 존재를 안고 사는 사람(전문용어로 뒤끝 있는 사람으로 칭할 수 있을 것 같다)이라면 나의 스토리텔링의 방식이 어떠한지 한 번쯤 명확히 짚어볼 필요가 있다.

왜 나에게만 이런 일이

소영 씨는 최근 한 달 사이 사직서 작성과 취소를 셀 수 없이 반복했다. 직장생활 5년 차인 소영 씨가 퇴사를 고민한 것은 정말이지 이번이 처음이다. 그렇다고 누군가가 왜 퇴사를 생각하는지 묻는다면 대답하기 곤란하다. 왜냐하면 무언가 그럴듯한 이유가 없기 때문이다. 기획 팀의 일원으로 평소 새로운 아이디어가 많고 업무능력이 뛰어나 맡은 프로젝트를 늘 멋지게 성사시키는 소영 씨는 회사의 핵심 인재로 손꼽혔다. 그런 소영 씨가 무력함을 느끼고 회사 일에 흥미를 잃은 것은 한 달 전이었다.

소영 씨가 제안하여 3년째 운영하고 있는 대학생 인턴 홍보단은 고객들이 가장 많은 관심을 가지는 프로그램이다. 그런데 어느 날 기획팀장님은 한 마디 상의도 없이 그 프로그램을 얼마 전 새로 발령받은 은영 씨에게 맡겼다. 3년이나 맡아서 했으니 다른 프로젝트를 준비할 때가 아니냐며 당장 다음 주까지 새로운 아이디어를 내놓으라는 것이다. 순환 근무를 원칙으로 하는 소영 씨의 회사에서는 3년이면 아예 다른 팀으로 발령이 나는 경우도 종종 있었다. 기획팀에서 계속 근무하는 것은 좋지만 그렇다고 한 마디 상의도 없이 직접 만든 프로젝트를 그것도 신입의 손에 넘기다니 기가 막혔다. 애써 만들어 놓은 프로그램을 신입인 은영 씨가 망치면 어떡하지 싶다가도 나보다 더 잘하면 어떡하나 하는 생각에 불안한 마음도 들었다.

그러던 어느 날 뜻밖의 소식이 들려왔다. TV에서 방영하는 취업 장려 프로그램에서 대학생 인턴 홍보단을 취재하러 온다는 것이다. 예쁘게 차려입고 방송에 나오는 은영 씨의 모습을 상상하니 무언가 분하고 억울했다. 담당이 바뀐 지 고작 2주가 채 안 된 시점이었다. 안 그래도 속상한 소영 씨의 마음에 불씨를 당긴 것은 기획 팀장이었다. 그는 아직 업무가 미숙한 은영 씨가 방송 준비도 해야 하니 기존의 업무는 소영 씨가 당분간 맡아주었으면 한다고 말했다. 이미 새로운 프로젝트의 기획 단계에 돌입했던 소영 씨는 난색을 표했으나 결국 그 업무는 고스란히 그녀에게 돌아왔다. 은영 씨가 방송에 나오게 될 것이라는 소식을 들은 동료들은 소영 씨와 마주칠 때마다 은영 씨의 안부를 물어왔다. 더 이상 소영 씨는 은영 씨를 마냥 웃는 얼굴로 대할 수가 없었다. 은영 씨가 웃을 때마다 자신을 비웃는 듯한 느낌이 들었다. 그러다 갑자기 지난 5년 간 몇몇 동료들에게 아이디어를 뺏겼던 경험이 불현듯 생각났다. 왜 나에게만 이런 일이 생기는 것인지 열심히 일해서 남 좋은 일만 시켰다는 생각에 업무에도 집중할 수가 없었고 주변에서 후배를 질투하는 못난 선배라는 눈빛으로 쳐다보는 듯한 느낌이 들어 동료들을 마주치는 것도 두려웠다.

직장생활을 하다 보면 속상한 일, 답답한 일을 말로 다 할 수 없을 만큼 많이 겪게 된다. 그리고 그 중에서는 정말 큰일도 있지만 때론 오히려 아무것도 아닌 작은 일에 마음이 더 불편해지기도 한다.

우리는 직장생활을 하면서 위 글의 소영 씨와 같은 경험을 해본

적이 있는가? 아마 비슷한 경험을 한번쯤은 아니 그보다 더 많이 하지 않았을까 싶다. 만약 주변에 소영 씨와 같은 동료가 있다면 우리는 그녀에게 무슨 말을 해줄 수 있을까?

"힘 내. 나라도 속상할 것 같아."
"원래 다 그런 거 아녀? 별거 아닌 것 같고 왜 그래?"

직장에서 왕따를 자초하는 사람이 아니라면 아마 대부분은 전자의 경우처럼 말할 것이다. 다른 사람이 힘들어할 때 그것을 공감하고 위로해주는 것이 옳다고 수차례 배워왔지 않은가.

그러나 이 장에서 말하고 싶은 것은 단순히 위로와 공감의 차원의 문제가 아니다. 짧게는 수 년, 길게는 수십 년 다녀야 하는 직장생활에서 속상하고 답답한 일이 있을 때마다 위로의 말을 주고받는 것은 궁극적인 해결책이 아닐 수도 있다. 냉정한 말일 수 있지만 그럴 때마다 좀 더 객관적으로 나를 돌아보는 힘을 기르는 것이 필요하다.

직장인 증후군! 업무과중과 대인관계에서 오는 스트레스로 단지 힘들어 하거나 우울해하는 수준에서 그치지 않고 어떠한 증상과 형태로 보이는 직장인의 부정적인 행동양식 정도로 정의할 수 있다.

많은 직장인들이 이 직장인 증후군, 그 중에서도 와이미증후군 (Why me syndrome)의 증상을 보인다. 와이미증후군이란, 자신만이 유독 부당한 대우를 받는다고 생각하는 심리상태를 이야기하며 자신은 문제가 없는데 상사나 부하 직원 또는 회사의 잘못된 시스템으로 모든 것이 잘못되고 있다 생각하는 현상이다. 보통 자기가 희생양이 되었다는 심리를 갖게 되며 회사와 동료 등 대부분을 부정적인 눈으로 바라보게 되는 경향이 크다.

직장인들이 자신의 상사가 좋은 사람이라고 말하는 경우를 본 적이 있는가? 자신이 다니는 회사는 일이 쉽고 편하다고 말하는 경우가 있었던가? 아마 대부분 본인은 회사에서 가장 악명 높은 상사를 모시고 있으며, 업무가 얼마나 힘든지 일주일에 한 번 쉬기도 힘들다며 엄살을 떠는 경우가 대부분일 것이다. 물론 그것이 어느 정도는 사실일 수도 있다.

그러나 와이미증후군으로 인해 늘 우울하거나 부정적인 생각이 먼저 든다면 그것을 벗어나기 위해서라도 좀 더 객관적인 눈으로 스스로를 돌아볼 필요가 있다. 나만 당직을 자주 서는 것처럼 느껴질 때, 식사 후 커피 내기 가위 바위 보에서 늘 나만 진다고 느껴질 때, 다른 동기들은 안 그러는데 내 밑의 후배들만 일을 잘 못한다고 느껴질 때 등 무언가 억울하고 손해 보는 느낌이 들 때 좀 더 상황을 객관적으로 바라보는 간단한 방법으로 다음의 세 가지를 추천하겠다.

① 역할 바꾸기

나를 힘들게 하는 당사자와 역할을 바꾸는 것이 아니다. 내가 지금 겪은 상황을 옆에 있는 동기의 상황이라고 역할을 바꿔 생각해 보자. 그리고 그에게 어떤 말을 건넬지 떠올려보자. 아마 진심을 다해 위로하고 용기를 북돋아 주겠지만 그래도 내가 겪을 때만큼 그가 가장 힘들고 어려운 상황으로 보이지는 않을 것이다. 잠시 나의 상황을 타인의 프레임으로 바라보자.

② 주인공 마인드 갖기

드라마 속 주인공을 떠올려보자. 대부분 늘 위기에 처하거나 악역으로 나오는 누군가의 시기와 질투 속에서 꿋꿋이 살아남아 마지막엔 가장 많은 것을 쟁취하고 행복하게 마무리되지 않은가. 줄거리 속에서 힘든 일을 당했을 때 왜 나에게만 이런 일이 생기냐며 중간에 포기해버리는 주인공은 등장하지 않는다.

지금 내가 겪고 있는 상황도 드라마 중반부 즈음이라고 생각해 보자. 물론 잘 되지 않는다는 것을 안다. 그러나 우울함과 억울함을 한 가득 안고 부정적인 말을 달고 사는 것보다는 적어도 정신건강에 도움은 될 테니 꼭 시도해보자.

③ 표현하기

나에게만 어렵고 힘든 일이 생긴다는 느낌이 들 때 누군가 곁에서 진심으로 위로하고 이해해 준다면 아마 그 우울감과 부정적인 감정은 훨씬 줄어들 것이다. 하지만 내 맘을 알아주는 누군가가 없다면 내가 먼저 나의 감정을 표현해보자. 믿을 만한 직장 동료 또는 친구 누구라도 좋다. 내가 느끼는 감정에 대해서 솔직하게 털어놓고 공감 또는 조언을 구해보면 혼자 꽁꽁 싸매고 있는 것보다는 훨씬 현명한 대답을 얻을 수 있을 것이다.

직장인 증후군에서 벗어나기 위한 노력

① 역할 바꾸기
② 주인공 마인드 갖기
③ 표현하기

표현하지 않는 자의 병, 우울증

한국과 미국의 우울증 환자를 대상으로 비교 연구한 결과 한국의 우울증 표현지수가 미국인보다 30%가량 낮은 것으로 나타났다. 같은 정도의 우울증을 겪고 있으면서도 우울한 기분을 말이나 표정으로 표현하는 정도가 미국 환자보다 꽤 낮았다는 뜻이다. 미국과 비교하여 좋다 나쁘다를 이야기하기는 어려울 수 있으나 적어도 왜 이런 결과가 나왔는지에 대해서는 주목할 필요가 있겠다.

직장인을 대상으로 진행하던 감정관리 교육에서 본인이 알고 있는 감정표현의 단어를 기억나는 대로 써보라고 했던 적이 있었다.

그 자리에 있던 약 3~40명 되는 교육생 중 대부분이 10개도 채 못 쓰고 펜을 내려놓았다. 분명 하루 종일 수많은 말을 하며 살 텐데 왜 우리는 감정을 표현하는 말에는 익숙하지 못한 것일까?

우리는 어릴 때부터 감정을 표현하는 것은 성숙하지 못한 사람인 것처럼 학습 받으며 살아 왔다. 특히 평생을 살면서 딱 3번만 울어야 한다는 말을 지겹도록 들어온 남성들은 더욱 그렇다. 우리 모두는 어릴 때 넘어져 아파서 울려고 하면 그 순간조차 눈물을 참고 뚝 그쳐야 착한 아이 소리를 들으며 살아 왔다.

감정 표현에 익숙하지 않은 사람이라면 가끔 어떤 감정이 느껴졌는데 그것이 무슨 감정인지 표현할 길이 없어 당혹스러움을 느껴본 적이 있을 것이다. '짜증나!' 라고 표현하는 수많은 상황 속에서 잘 살펴보면 서운하고 실망스럽거나 불안한 감정 등 분명 다양한 감정이 존재할 텐데 짜증이라는 하나의 이름으로 불릴 때면 참 안타깝기 그지없다. 그럴 때면 차라리 감정평가사가 있었으면 좋겠다는 싱거운 생각도 해본다. 물론 우리가 이미 알고 있는 토지나 재산을 감정하는 그들과는 다른 개념의 감정평가사이다. 어떤 감정을 분명 느꼈는데 그것을 어떻게 말로 표현해야 할지 모를 때 감정평가사가 그의 기분을 전해 듣고 이렇게 말해주는 것이다.

"당신의 감정은 OO입니다."

터무니없다고 생각하는가? 하지만 내 감정 하나만 제대로 전달할 수 있다면 직장생활은 물론 일상생활에서 스스로 스트레스를 받는 일도 많이 줄어들 것이고 대인관계에서 생기는 오해나 갈등도 많은 부분이 해소되지 않을까 하는 생각이 든다.

감정은 좋은 감정과 나쁜 감정으로 나누지 않는다. 긍정의 감정과 부정의 감정이 있을 뿐이다. 우리가 흔히 생각하는 짜증, 우울, 슬픔 등은 나쁜 감정이 아니다. 단지 부정의 감정일 뿐이다. 진짜 나쁜 감정은 '즐거움'을 '즐거움'인 줄 모르고 '실망'을 '실망'인 줄 모르는 것, 그래서 전혀 다른 얼굴로 표현하게 되는 것을 말한다. 어떤 감정인지도 모른 채 뱉어대는 것이 아니라면 모든 감정은 존중받아야 마땅하다. 그 감정을 올바른 방법으로 표현할 때 비로소 우리는 온전히 마음을 전했다라고 이야기할 수 있을 것이다.

못다한 감정이야기

필자가 감정 관리에 관심을 갖게 된 것은 유통 서비스 회사 교육팀에 있을 때였다. 임직원과 가맹점주 대상의 서비스교육, 직무교육을 진행하면서 늘 그들에게 정말 필요한 이야기가 무엇일까 고민했다. 어느 날인가 교육을 진행하다가 한 점주님께서 고객으로부터 심한 컴플레인을 받은 사례를 들었다. 이제는 괜찮다는 듯 무덤덤한 표정으로 말하는 그 분을 보며 커피콩을 한 줌 씹어도 이것보다 쓴 맛일까 싶을 정도로 씁쓸함을 느꼈다.

스트레스 없이 사는 사람은 없다지만 소규모 점포에서 대부분 혼자 근무하는 시간이 많은 점주님들의 스트레스는 꽤 컸다. 기쁨은 나누면 배가 되고 슬픔은 나누면 반이 된다고 하지 않던가. 기뽐도 슬픔도 누군가와 나눌 새 없이 혼자 묵묵히 점포를 지키는 모습을 한 해, 두 해 바라보며 필자는 앞으로 추구해야 할 교육의 방향성을 잡을 수 있었다. 사업에서 서비스교육과 직무교육도 물론 중요하다. 하지만 삶 전체를 좀 더 멀리 바라본다면 단순한 스킬보다 자신을 돌아보고 스스로를 위한 태도를 아는 것이 꼭 필요하다. 그 즈음부터 감정 관리에 대한 교육을 시작했다.

필자가 교육에서 늘 강조하는 것이 있다. 감정은 억누를 때보다 표출할 때 더 건강할 수 있고, 그것을 표출하는 방법은 폭력적이지 않아야 한다는 것이다.

지금 이 순간 소중한 당신께 작은 바람을 담아 본다. 이 장을 읽으며 나는 얼마나 건강한 감정의 습관을 가지고 있는지, 행여나 의도치 않게 폭력적인 감정 표출을 하고 있지는 않은지 한번쯤 생각하는 시간이었기를….

"농경사회와 산업사회에서 힘 센 것이 경쟁력이라면 최첨단 정보사회에서는 소통이 곧 경쟁력이다. 소통에서 가장 중요한 것이 눈치 센스라는 것은 더 말할 필요가 없다. 이제 경쟁력을 갖추기 위해서라도 눈치 센스로 무장을 해야 한다."

눈치, 센스로 소통하자

최은정

학교에서 사회로, 학생에서 직장인으로

"말하지 않아도 알아요."

이 문장을 보자마자 자동적으로 음을 붙여 노래로 흥얼거리는 세대가 있다. 어려서부터 초코파이 CM송을 많이 들었던 사람들이다. 하지만 따뜻한 정을 표현한 초코파이, 그 광고, 그 따뜻한 문구를 좋아하지 않는 사람이 있다.

"말하지 않아도 알지 않아요?"

그때 면접관은 정확히 이렇게 말했다.

필자는 대학에서 전자공학을 전공했다. 많은 남자들 사이에서 남자처럼 납땜을 하며 밤을 새기도 했고, 풀리지 않는 공식들을 보면서 머리를 싸매기도 했다. 공대여신이란 없었다. 심지어 우리 과 남학생들은 이렇게까지 이야기했다.

"세상에는 세 가지 성(性)이 있다. 남자, 여자 그리고 공대여자…."

남학생들 사이에서 대학교 4년을 보내면서 열심히 했지만, 졸업하면서 학교와 납땜의 추억을 벗어야 할 때가 왔음을 직감했다. 남자들이 주름잡는 이 분야에서 여자로 취업하기는 하늘에 별 따기만큼 어렵다는 것을 알았기 때문이다. 면접을 보러 갔다가 면접비만 받고 돌아오는 친구들이 허다했다.

그래서 필자는 전공을 바꿔 강사의 길을 선택했다. 하지만 전공과 다른 길에 들어서기란 정말 어려웠다. 강사를 뽑는 첫 면접, 필자는 하고 싶은 것을 하기 위해 지원했다고 당당히 주장했다. 하지만 그 자리에서 불합격 통보를 받았다.

"제가 떨어진 이유를 알고 싶습니다. 뭐가 부족해서 떨어진 걸까요?"

필자는 좌절하지 않고 떨어진 이유가 뭐냐고 당당하게 물었다. 적어도 떨어진 이유를 알아야 다음에 보완해서 새롭게 도전할 수 있다고 생각했기 때문이다.

"말하지 않아도 알지 않아요?"

그때 정말 귀를 의심했다. 면접관의 말이 너무 잔인하게 들렸기 때문이다. 억울해서 눈물도 나지 않았다. 어떻게 말하지 않는데 안단 말인가? 한 사람의 운명을 한 순간에 좌우하는 면섭관들의 행동이 너무 무책임하고 잔인한 거 아닌가? 무지 답답하고 화가 났다.

그런데 이제는 안다. 세상에는 말하지 않아도 알아야 할 것이 많고, 바로 그것을 많이 아는 사람이 사회나 직장에서 인정받는 사람이 된다는 것을!

학교에서 이런 교육은 잘 이뤄지지 않는다. 오직 입시를 위한 공부를 강조하다 보니, 점수 몇 점 안 나왔다고 선생님한테 대들며 따지는 학생은 있어도 그런 태도가 사회에서 얼마나 큰 손해를 입는 습관인지 일깨워 주는 이들은 많지 않다.

어떻게든지 말로만 이기려 하고, 말만 잘 하면 자신이 옳다고 생각하는 이들이 많은 것이 우리의 현실이다. 실제로 학교에서는 이렇게 말 많은 아이들의 의견이 수렴되는 경우도 있다. 시끄러운 일이 생길까 봐 대충 넘어가는 선생님들이 많기 때문이다.

그런데 사회생활을 하다 보면 이런 태도는 큰 손해를 볼 수밖에 없다. 사회는 냉정하다. 누군가가 말을 앞세워 자기고집을 내세우면 앞에서는 알았다 하고 뒤에서는 냉정하게 관계를 끊는 사람들이 많다. 괜히 긁어 부스럼을 만들까 봐 뭘 잘못했는지 가르쳐주지도 않는다. 무서워서 피하는 것이 아니라 더러워서 피한다는 마음으로 그냥 관계를 끊어 버리는 것이다. 그래서 사회생활을 하다 보면 상대가 말하지 않아도 알아차리는 것이 많아야 한다.

필자가 사회생활에서 눈치코치, 그리고 센스가 중요하다고 강조하는 이유가 여기에 있다.

사람은 누구나 타인의 잘못은 쉽게 본다. 학창시절에는 그 잘못을 짚어주는 친한 친구나 선생님이라도 있다. 하지만 사회에서는 잘못을 건드려 주는 이는 많지 않다.

많은 이들이 사회생활을 하면서 누군가의 잘못을 지적해주는 것

이 참으로 무의미하다는 것을 수많은 시행착오를 통해 알아차린
다. 그들은 아무리 좋은 의도로 말해준다 하더라도 상대가 기분
나쁘게 받아들여서 오히려 관계가 악화된다는 것을 수없이 경험
한 이들이다. 그러니 남의 잘못을 보더라도 쉽게 말해주지 않는
다. 그것이 결코 자신에게 이익이 되지 않는다는 것을 잘 알기 때
문이다.

"말하지 않아도 알지 않아요?"

면접에서 무참히 떨어뜨려 놓고 필자를 매정하게 평가했던 면접
관의 말을 되새겨본다. 지금 생각해보면 그나마 그 때 면접관이
이렇게라도 떨어진 이유를 말해준 것은 고마운 일이다.

실제로 회사에서는 면접에서 떨어진 이유를 말해주지 않는다.
그래서 수없이 면접을 보면서도 자신이 왜 떨어졌는지를 알지 못
하기 때문에, 그 잘못 하나를 바로 잡지 못해서 계속 떨어지는 취
업준비생들이 참으로 많은 것이다.

그나마 필자는 바로 질문을 해서 냉정한 피드백이라도 받았기에
면접에서 중요한 것이 무엇인지 알아차렸고, 부족한 부분을 채워
왔기에 오늘 이 자리에 이를 수 있었다. 그때는 정말 야속했지만
그 한 마디를 통해 사회생활에서 진정으로 필요한 것이 무엇인지
를 절감할 수 있었다.

이제는 그 가슴 아팠던 첫 면접 실패담이 필자가 강의하는 핵심
주제가 되었다. 이 얼마나 소중한 삶의 자산인가?

필자는 조금이라도 필자의 말에 귀를 기울이는 이들에게 기회가

있을 때마다 강조한다.

"눈치와 센스로 소통하라. 그것이 성공의 키워드다."

눈에 자막이라도 써 놓았나요?

"한국 여자들은 '알아서 해'라고 하지만 알아서 하면 '그건 아니지'라고 한다."
"뭘 원하는지 자기도 모르면서 원하는 게 참 많다."

한 예능프로그램에서 한국인 아내를 둔 외국인 방송인이 우리나라의 여성들에게 직격탄을 날렸다. 필자도 평소에 이런 생각을 한 적이 많았는데, 외국인의 눈에도 이렇게 보였다니 공감백배여서 한참을 웃었다.

필자와 같은 생각을 한 이들이 많아서일까? 방송이 끝나자마자 한국인 여성들의 애매모호한 행동에 직격탄을 외국인 남편은 실시간 인터넷 검색어 랭킹1위를 차지했다.

"한국인 남성의 고충을 대변해줘서 고맙다."

"한국인 남성을 대변하는 이 분을 국회로 보내자."

인터넷에서의 반응은 폭발적이었다. 처음에는 웃고 말았는데 이런 현상을 보면서 한편으로는 우리 현실이 안쓰럽다는 생각이 들었다. 필자 역시 여자이기에 마냥 웃어 넘길 수만은 없다는 생각이 들었기 때문이다.

엄밀하게 따지면 이것은 여자들만의 문제가 아니다. 우리나라는 예전부터 예를 중요하게 여겨서 직설적인 표현보다는 간접적인 표현을 많이 썼다. 언어만 놓고 봐도 우리말은 서술어가 뒤에 있어 무슨 말을 듣더라도 끝까지 들어야 한다. 하지만 영어는 직설적인 표현이 많다. 우리말과 달리 서술어가 앞자리에 있어 결론부터 밝히고 시작한다. 서양인들이 자기 주장이 확실하고 요건을 분명히 말하는 습관에 익숙한 것은 당연한 일이다. 그러니 우리나라 여성인 아내의 말을 외국인 남편이 제대로 이해하기 힘든 것은 당연한 일이 아닐까?

사실 이 문제는 우리나라 여성들만의 문제가 아니다. 사회환경 속에서 여성들이 그렇게 표현하게 만들어 놓은 남성들도 문제가 크다. 생각해 보자. 불과 50년 전만 해도 우리나라에서 여성들이 자신의 의견을 분명히 드러내는 사람이 얼마나 됐던가? 수천 년 동안 여성들이 직접적으로 의사표현을 하지 못하게 만들어 놓고, 지금에 와서 문제점을 지적만 하면 어떻게 하란 말인가?

지금은 서양식 교육이 이뤄지면서 직설적으로 표현하는 아이들이 많이 늘었지만, 아직도 기성세대들은 직설적인 표현보다는 눈치 또는 센스로 알아줬으면 하는 표현을 많이 사용하고 있다. 따라서 이것은 여성들만의 문제가 아니라 우리 모두가 한번쯤 신시하게 생각하고, 함께 문제점을 해결하기 위해 고민을 해야 한다.

"자기야 뭐 먹고 싶어?"

데이트할 때 남자 친구가 묻는다. 이럴 때 속 시원하게 말해주는 여자 친구는 많지 않다.

"아무거나, 다!"

남자는 고민에 빠진다. 생각해 보니 지난 번 순대국을 먹으러 갔을 때 여자 친구가 맛있게 먹었던 기억이 생생하다. 그래서 이번에도 당연히 여자 친구가 좋아하는 순대국집으로 들어간다. 어떤 일이 생기겠는가?

여자는 남자를 정말 사랑한다. 그래서 어떻게든지 남자의 입장을 배려하려고 노력한다. 지난 번에 순대국집에 갔을 때 괜히 기분 나쁜 표정을 지으면 남자 친구가 싫어할까 봐 맛있게 먹어준 것뿐이다. 그런데 매번 순대국집으로 데리고 가니 답답할 노릇이다. 처음에는 사랑하기 때문에 다 좋게 보였지만, 이런 일이 반복되다 보니 남자 친구가 자신의 입맛만 챙기는 이기적인 놈팽이로 보이기 시작한다. 그러다 보니 점점 마음이 떠나기 시작한다.

남자로서는 더욱 미치고 환장할 노릇이다. 분명히 아무거나 다 좋다고 해놓고는 자꾸만 뭔가 아닌 표정을 짓고, 점점 거리가 멀어지는 행동을 취하는 여자의 마음을 알 길이 없다. 그만큼 눈치 센스가 부족한 것이다.

남자가 조금만이라도 신경을 쓴다면 여자 친구가 눈치 센스로 보낸 신호를 알아차릴 수 있었을 것이다. 이런 상황에서 여자는 은연중에 무엇이 먹고 싶다고 분명히 의사표현을 했을 것이다.

"요 옆에 분위기 좋고 근사한 레스토랑이 있는데 파스타 맛이 좋데."

어쩌면 이렇게 말했을지도 모른다. 단지 남자가 집중해서 듣지 못했기 때문에 그냥 흘려버린 것일 수도 있다. 자신이 눈치나 센스가 없는 것을 챙기지 못하고, 여자 친구가 직설적으로 말해주지 않았다고 적반하장의 태도를 취하는 것일 수도 있다.

직장에서도 이런 경우는 흔히 본다. 사회가 많이 변하고 조직문화가 많이 개선되었어도 아직은 사무실에서 손님의 차나 커피를 타는 것은 여자신입의 몫인 경우가 많다.

"차는 어떤 걸로 준비해드릴까요?"

이럴 때 자신의 취향을 확실하게 말하는 손님이나 상사는 많지 않다. 심지어 상사는 손님과 이야기를 나누는 중에 이런 질문을 하는 직원을 눈치 없다고 귀찮아한다. 오로지 막내직원이 자신의 취향과 손님의 취향을 고려하여 센스 있게 준비해오기를 원할 뿐이다.

"아무거나!"

이 얼마나 어려운 주문인가? 여기서 '아무거나'의 뜻은 니 맘대로 타오라는 뜻이 아니라 분위기 생각해서 손님과 나의 대화가 원활하게 해달라는 주문이다. 이때 '아무거나'를 자기 맘대로 타오라는 소리로 듣고 정말 아무거나 준비해서 손님과 상사의 앞에 찻잔을 내려놓는다면 상사의 따가운 눈초리를 피할 수 없다.

막내직원으로서는 억울할 수밖에 없다. 차라리 텔레비전의 자막처럼 상사의 말을 해석하는 글이라도 쏟아져 나왔으면 좋겠다. '아무거나'를 외치는 상사의 눈에서 솔직한 속마음을 표현하는 자막이라도 나온다면 얼마나 좋을까?

"한국 여자들은 '알아서 해'라고 하지만 알아서 하면 '그건 아니지'라고 한다."

"뭘 원하는지 자기도 모르면서 원하는 게 참 많다."

한국인 여성을 아내로 둔 외국인 남성의 돌직구는 사실 수정되어야 한다. 이 문제는 한국 여자들만의 문제가 아니다. 한국 남성들 중에도 이런 경우가 참 많다. 그래서 자신의 뜻을 직접적으로 표현하지 않고, 아랫사람이 눈치 센스로 알아서 해결해 달라는 모든 상사들에게 똑같이 말해주고 싶다.

"한국 상사들은 '알아서 해'라고 하지만 막상 알아서 하면 '그건 아니지'라고 한다."

"눈빛으로 자막을 보내면 부하직원이 알아차리는 능력이라도 있은 것처럼 착각하면서 원하는 게 참 많다."

눈치 센스의 첫발은 다름을 인정하는 것

교육팀의 통대리는 회사의 촉망받는 인재이다. 회사에서 심혈을 기울여 준비했던 교육을 많은 임직원 앞에서 멋있게 끝내고 강단을 내려왔을 때 이사님까지 다가와 악수를 하며 수고했다고 어깨를 토닥인다.

누가 보아도 멋있는 통대리다. 본인의 주관이 뚜렷하고 업무도 똑 부러지게 처리하는 그녀를 선배와 후배들 모두 부러워한다. 하지만 회사에서는 그녀를 원했지만 정작 그녀는 회사에 마음을 두지 못했다. 이해 안 되는 것투성이다.

후배들은 왜 그렇게 본인의 마음에 들지 않게 일을 하는 것인지, 워킹맘인 팀장님의 아이들은 왜 주말에는 쌩쌩하다가 평일에만 아픈 것인지, 모든 일에 대해 결제를 늦게 해주는 이사님도 통대리는 이해할 수 없었다.

그런 회사에서의 본인의 소명은 잘못된 것은 바로 잡아 완벽한 상태로 돌려 놓는 것이라 생각했다. 그래서 후배나 선배, 심지어 이사님에게까지 회사를 위한다는 명분으로 근거를 제시하며 문제점을 제기하면서 개선책을 내놓았다. 그러다 보니 회사에서는 통대리가 일은 잘하지만 인간관계는 미숙한 위인으로 여겨 기피하기 시작했다.

절이 싫으면 중이 떠난다고 했던가? 본인의 생각처럼 변하지 않는 회사에서는 더 이상 배울 것이 없다고 생각한 통대리, 사직서를 내고 회사를 떠났다. 하지만 다른 회사에서도 자신의 뜻을 펼칠 수 없었던 통대리는 여기저기 회사를 떠돌다 결국 본인의 이력서에 화려한 경력만 쌓아가고 있다.

기업에서는 각 직급의 임직원들에게 'DiSC, MBTI, 또는 TA등 행동유형 및 성격유형에 따라 사람들은 다르다' 라는 것을 이해시키기 위해 노력한다.

이 프로그램의 목적은 '사람은 서로 틀리지 않고 다르다' 라는 것을 깨닫게 하는 것이다. 사람의 문제는 수학처럼 '맞다, 틀리다' 로 결정되는 것이 아니라 서로 다른 사람들이 소통하고 조화를 추구해야 하는 것이다.

통대리는 본인의 생각과 행동은 맞고 다른 사람들의 행동은 틀린 것이라고 여기는 것이 가장 큰 문제다. 조직내에서 타인의 특색을 이야기하면서 본인이 배울 수 있는 부분은 배우고, 줄 수 있는 부분은 줘가며 소통을 해야 한다.

남은 나와 다를 뿐이다. 차이를 인정하고….

통대리, 밥 먹으러 갈까?

통대리는 요즘 담당 나팀장이 무슨 말을 하려고 하기만 하면 가슴부터 쿵쾅거린다. 오늘은 또 어떤 말을 할까 두렵기 때문이다. 담당 팀장과 통대리가 함께 근무한 지는 3년 남짓 정도. 팀장을 담당으로 모시는 대리로 함께 일한 지는 1년이 되지 않았다.

평상시에 사적으로 이야기를 나누는 사이도 아니고, 그 흔하다는 퇴근 후 직장인들의 꽃이라는 치맥을 함께 하는 사이도 아니다. 단지 친밀도가 있다면 퇴근길 같은 방향의 버스를 탄다는 것뿐이다.

그런 나팀장이 요즘 유독 통대리에게만 관심을 쏟는 것이다. 근무 중간중간에 와서 "열심히 하라"고 이야기를 한다든지, "무슨 고민이 있냐?"며 관심을 보이고, 심지어 요 며칠 사이에 두세 번 정도 퇴근 후에 저녁을 먹으러 가자고 제안까지 했다.

나팀장을 싫어하는 것은 아니지만 그렇다고 회사에서 근무시간에 보는 것도 충분한데, 퇴근 후에 저녁을 함께 하는 것은 근무의 연장선에 있는 것 같아 내키지 않는 제안이기에 통대리는 마냥 부담스럽기만 했다.

심지어 그런 나팀장을 이해하기 힘들었다. 가정이 없는 사람도 아니고, 그렇다고 가정에 문제가 있는 사람도 아니라면 얼른 집에 가서 아내가 차려주는 맛있는 저녁을 먹고 가족들과 오순도순 시간을 보내고 싶을 텐데…. 도대체 왜 남자 팀원과 저녁을 먹고 싶어 하는 것인가?

통대리는 이해할 수 없는 팀장의 제안을 몇 번이고 거절하면서 이런저런 핑계를 만들어 내야만 했다. "친구와 약속이 있다", "몸이 좋지 않다", 심지어는 할 일이 다 끝났음에도 "업무가 남아서 지금은 퇴근이 어렵다"라는 핑계를 대며 사무실에 혼자 남아 애꿎은 컴퓨터 모니터만 바라보기도 했다.

그러자 몇 번이고 저녁을 함께 하자던 나팀장도 지쳤는지 통대리에게 더 이상 이야기를 꺼내지 않았다.

그런데 며칠 후, 통대리는 본인이 하고 싶었던 프로젝트를 동기인 김대리가 진행하고 있는 것을 알았다. 화가 나서 나팀장이 자신에게 복수하는 것인가 생각도 해봤지만, 생각해 보니 자신이 나팀장에게 프로젝트를 하고 싶다고 직접적으로 이야기한 적도 없었다.

무엇이 문제였을까? 통대리의 업무능력은 최대리보다 훨씬 뛰어날 수도 있었다. 그런데 어쩌다 이런 일이 벌어진 것일까?

이것은 결코 나팀장의 복수가 아니다. 그것은 업무능력만큼 중요한 비중을 차지하는 눈치코치 센스를 갖추지 못한 통대리의 잘못이다.

눈치는 타인의 기분이나 상황을 빨리 알아차리는 능력으로

소통을 잘 하려면 꼭 갖춰야 할 덕목이다.

필자가 기업에서 신입사원 또는 대리급들의 직원들을 교육할 때 반드시 진행하는 워크샵이 있다. 바로 회사 내에서 듣는 〈힘 빠지는 말과 힘 나는 말이 무엇인가?〉라는 것으로 팀원들이 토의해서 공통적인 말을 도출해 내는 프로그램이다.

"오늘 저녁 시간 어때?"

그 중에 빠지지 않고 등장하는 말이다. 이 말은 회식을 하자는 말일 수도 있고 그냥 간단하게 저녁을 함께 먹고 가자는 말일 수도 있다.

필자도 상사의 이런 말을 들으면 '하루 종일 가족보다 더 많은 시간을 보낸 직장 동료인데 저녁까지 함께 먹어야 하나?' 라는 생각이 먼저 들어 어떻게 하면 빠져나갈 수 있을지 고민부터 했던 기억이 새롭다. 지금 이 순간에도 대부분의 직장인들이 비슷한 고민을 하고 있을지도 모른다.

통대리도 마찬가지였을 것이다. 하지만 나팀장의 요구에 한 번 정도는 응하는 것은 직장생활을 하면서 통대리가 꼭 갖춰야 할 센스였다.

과연 나팀장이 꼭 저녁이 먹고 싶어서 그런 제안을 했을까? 물론 그랬을 수도 있지만 자연스러운 식사 자리에서 통대리의 앞으로의 목표가 무엇인지, 회사 안에서 이루고 싶은 비전은 무엇인지, 그리고 가장 중요한 것은 요즘 이러저러한 프로젝트가 있는데 통대리가 하고 싶은지, 아니면 하고 싶은 다른 프로젝트가 있는지 이야기를 나누는 시간을 가졌을 것이다. 나팀장의 저녁 제안을 단순히 밥을 먹자는 뜻으로만 들은 통대리의 센스가 미처 파악하지 못한 부분일 수 있다.

요즘의 직장은 예전과 다른 환경에 처해 있다. 인사고과만 해도 예전에는 위에서 밑으로 평가가 이뤄졌다면, 지금은 팀원들도 상사를 평가한다. 팀원에게 좋은 평가를 받지 못한 팀장은 리더십에서 좋은 점수를 받지 못해 승진에 발목 잡히는 경우도 여러 번 보아왔다.

"어이, 통대리 면담 좀 하지?"

직장 내 이런 분위기에서 팀장이 이런 말을 하기란 쉽지 않다.

"통대리, 오늘 저녁 시간 어때?"

결국 이렇게 돌려서라도 이야기를 나누고 싶었던 나팀장의 배려와 제안을 센스 없는 통대리가 걷어찬 것일지도 모른다.

선배 또는 담당 팀장에게 둘만의 저녁식사를 제안 받았는가? 잘 판단해 보자. 그것이 자신의 직장생활을 통째로 바꿀 수 있는 기막힌 프로젝트를 제안하는 말인지 어떻게 알겠는가?

소대리, 이제 나한테 언니라고 불러

최근 텔레비전의 프로그램의 트랜드는 '가족' 이다. 연예인이 본인의 이야기를 늘어놓던 토크쇼가 대세이던 시기도 있었다. 또한 출연진이 대본보다 상황에 맞춰 진행하는 리얼 버라이어티가 트랜드로 유행을 타던 때도 있었다.

그런데 요즘은 연예인 가족의 동반출연이 대세로 자리잡고 있다. 연예인이 아이를 데리고 여행을 간다든지, 엄마가 없는 시간을 아빠와 아이가 함께 보낸다든지, 심지어 시어머니와 며느리가 함께 나와 속에 있는 이야기를 털어놓는 프로그램까지 등장했다. 예전에는 '고부갈등'을 큰 문제로 쳤는데, 요즘은 시대가 많이 바뀐 것을 알 수 있다.

"시어머니, 이럴 때 며느리가 얄밉다."
한 프로그램에서 시어머니들에게 이런 질문을 했다. 아주 재미있는 결과가 나왔다.
1위 아들에게 왕비노릇 할 때
2위 내 앞에서 아들 흉 볼 때
3위 그냥 이유 없이 얄미워 보일 때가 있다
4위 "어머니 요즘은 그렇게 안 해요~" 하면서 가르치려 할 때
5위 정말 자기가 딸인 줄 알고 편하게 있을 때

필자에게 가장 눈길이 가는 것은 5위의 답변이다. 시어머니가 "딸처럼 편하게 지내자."라고 했더니 정말 딸인 줄 알고 편하게 지내는 며느리를 볼 때 얄밉다는 답변을 한 것이다. 이것을 누구 잘못이라고 해야겠는가?
"딸처럼 편하게 지내자."
시어머니가 말을 먼저 해놓고 그 말에 충실히 따르는 며느리를 왜 얄밉게 본단 말인가? 물론 시어머니도 잘못이 있다. 하지만 여기에서는 시어머니의 잘못을 짚기 전에 사람과 사람의 관계에서

어느 정도 선을 지켜야 한다는 것을 말하고 싶다. 친한 사이일수록 선의 경계를 분명히 해야 한다. 이 선은 보이지 않기에 어느 정도까지 다가가야 하는지, 어느 정도에서 물러나야 하는지 알기가 어렵다. 선에 다가섰을 '삐삐삐삑'이라는 경고음이라도 있다면 이런 인간관계에서 선 때문에 고민하는 사람은 없을 것이다.

이 선은 그야말로 눈치코치 센스가 절대적으로 필요한 선이다. 며느리들이 딸처럼 지내자는 시어머니의 말을 액면 그대로 믿었다가 얄미운 대상으로 전락할 수밖에 없는 것은 바로 이 선을 지키지 못했기 때문이다. 며느리는 며느리지 결코 딸이 될 수 없다. 따라서 며느리로서 딸처럼 지내야 하는 선의 적정선이 어느 정도인지 알아차리기란 결코 쉬운 일이 아니다.

직장에서도 마찬가지이다. 집에서 아침 7시 반에 나오는 순간부터 직장생활은 시작이 된다. 점심도 동료들과 함께 하고 공식적인 퇴근은 6시지만 정시 퇴근은 항상 남의 회사 이야기일 뿐이다. 거의 7시쯤 퇴근을 해서 집에 돌아오면 8시가 넘고 저녁을 먹고 씻고 무엇인가 하려고 하면 어떻게 알고 몰려오는지 한꺼번에 몰려드는 피로 때문에 눈꺼풀이 감긴다. 그러다 보면 어느 새 아침을 맞는다.

집에서 가족들과 보내는 시간보다 회사에서 동료들과 함께 보내는 시간이 훨씬 많다. 자연스럽게 친해지는 사람도 동료가 된다. 거기에 음주를 좋아하는 동료를 만나면 가족보다 더 가까워질 수 있다.

직장 생활이 이런 사이클로 이뤄지니 동료끼리 사적인 만남이 잦아질 수밖에 없다. 이런 자리가 많아지면 사이가 급격히 친해지면서 직급을 빼고 형, 동생, 또는 언니, 동생으로 발전하기도 한다.

"소대리, 나한테 이제부터 언니라고 불러도 돼."

친밀도가 높아질수록 이런 말을 듣는 경우가 많다. 하지만 이 말을 그대로 믿었다가는 얄미운 며느리 되듯이 당신도 눈치코치 없는 천덕꾸러기로 전락할 수 있다.

"언니라고 불러도 될 만큼 친해진 것은 사실이지만 업무적으로는 안 돼. 그리고 언니는 언니지만 나에게 어느 정도의 선을 지켜줬으면 좋겠어."

이 정도는 되어야 당신은 눈치코치 센스 100점 만점짜리가 될 수 있다. 직장에서 사적으로 친해질 수는 있지만 근본적으로는 과장과 대리, 즉 업무적인 관계로 맺어진 것을 알아야 한다. 이 둘의 사이를 가식적이라고 흠잡는 것이 아니다. 근본적으로 둘의 관계는 업무로 맺어졌기 때문에 업무를 빼고서는 더 이상 할 말이 없어지는 것이다.

직장에서는 사회에서 쓰는 말이라고 똑같이 이해해서는 안 된다. 세상 아무리 가까워 졌더라도 형제 자매가 될 수 없다는 것을 이해하고 적당한 선을 지키는 눈치코치 센스는 갖고 있어야 제대로 된 소통을 할 수 있는 것이다.

눈치보다 지친 당신은 누구인가요?

은영 씨는 입사한 지 3개월 된 신입사원이다. 대학교를 졸업하고 남들은 대학교 5학년 취준생(취업준비생)으로 1년을 보낸다고 하지만 운 좋게 대기업에 취직을 했다. 부모의 자랑은 물론이고 동기들 부러움의 대상이 되었다. 그런데 이를 어쩔 거나? 밖에서는 동기들의 우상인 은영 씨지만 회사에서는 어느 새 울상이 되어 버렸다.

학창시절에는 항상 결정권을 가지고 모임을 이끌었지만 이제 직장에서는 햇병아리일 뿐이다. 그동안 이렇게 온전히 막내인 적이 없던 터라 회사생활이 어색하기만 하다. 물론 학창시절에도 선배들들 눈치는 봤지만 회사에서는 그 느낌 자체가 다르다.

그러다 보니 은영 씨는 자신도 모르게 직장 선배들의 눈치를 보게 되고, 내가 하는 일이 잘 하는 것인지 소심해지기 시작했다. 모든 것이 낯설고 멀게만 느껴지니 가장 많은 시간을 보내는 복사기만이 자신의 동료인 것 같다. 일부러 밝은 척도 해보고 열심히 하려고 노력했지만 노련한 선배들의 눈에 이런 행동들이 안 보일 리 없다.

하루는 팀장님이 팀원들과 함께 있는 자리에서 큰 소리로 이야기하였다.

"은영 씨, 그렇게 눈치 보면서 살 거야? 제발 눈치 좀 보지 마! 왜 내 눈치를 보니?"

가뜩이나 자신도 눈치를 보는 것을 알아채고 괴로워 하는데 이제 상대방이 그것을 눈치 채고 있다는 것까지 알았으니 더욱 견딜 수 없다. 아무리 눈치를 보려고 하지 않아도 더 신경이 쓰이니 눈치 볼 일만 늘어났다.

무엇이 문제일까? 그것은 바로 눈치를 보는데 에너지를 쓰느라 자신의 본업인 회사원으로서 본질을 깨닫지 못한 것이다. 신입이 적당히 눈치를 보는 것은 물론 바람직한 일이지만 그 도가 지나치니 오히려 자신의 능력을 스스로 위축시키고 있는 것이다.

세상의 모든 것은 가치중립성(Value neutrality)을 띄고 있다. 세상의 모든 것은 옳고 그른 것이 따로 있는 것이 아니라 어떤 사람이 쓰느냐에 따라 가치가 달라질 수 있다.

대장장이는 똑같은 식칼을 만들지만, 그 식칼은 쓰이는 곳이 주방이냐, 길거리냐에 따라 가치가 달라 질 수 있다. 주방에서 주부가 쓰는 식칼은 문명의 이기(利器)이지만, 길거리에서 조폭이 쓰는 식칼은 흉기가 될 뿐이다.

눈치도 이와 마찬가지다. 눈치 빠른 사람이 적절하게 사용하면 슬기로운 처세술이 되지만, 어설픈 사람이 지나치게 눈치를 살피면 주관도 없는 풋내기의 족쇄가 될 뿐이다.

직장인으로 갖춰야 할 눈치와 센스를 키워나가기 위해서는 무엇보다 먼저 세상의 모든 것은 가치중립성을 지닌다는 것을 이해해야 한다. 세상에 그 어떤 것도 절대적으로 옳고 그른 것이 없다. 오로지 상황에 올바르게 맞아 떨어지는 것이 옳은 것이다.

그런데 인간은 수없이 자신의 생각을 믿고 그 생각에 속아 그것만이 옳다고 생각하는 경향이 있다. 신입이 눈치를 보는 것은 어쩌면 자신은 신입이니까 당연히 눈치를 봐야 한다는 자신의 생각이 만들어낸 결과물일 수 있다.

과유불급, 눈치도 지나치면 없느니만 못하다. 때에 따라서는 너무 눈치를 보지 말고 과감하게 자신의 뜻을 밝힐 필요가 있다. 눈치 센스라고 해서 언제나 남을 의식하라는 것이 아니다. 자신을 내려놓고 상황에 적절히 대치할 수 있는 눈치를 갖추기 위해서는 무엇보다 먼저 눈치를 보는 것이 전부라는 그 생각을 버릴 수 있어야 한다.

지금 이 순간, 너무 눈치를 보고 있는 자신이 모습이 보인다면 얼른 눈치를 보는 그 마음부터 내려놓아야 한다.

못다한 센스 이야기

필자도 선배들 앞에서 시범 강의를 하고 피드백을 많이 받았던 때가 있다. 말투와 손동작, 그리고 몸짓이 너무 어려 보여서 가볍게 느껴진다고 했다. 그때부터 필자는 어린 티를 벗기 위해 노력했다. 친구를 만날 때도 정장차림에 진한 메이크업으로 무장을 했다. 이제는 필자의 나이를 알고 깜짝 놀라는 이들이 많다. 생각보다 어리다면서 깜짝 놀라는 다른 사람들의 모습을 보면서 '성공했구나' 생각을 한다. 피드백을 받아 들여 노력과 의지로 외모뿐 아니라 전체 이미지를 바꾸는데 성공한 것이다.

주변 사람들은 종종 필자를 최강이라고 부를 때가 많다. 물론 최은정 강사의 줄임말이지만 필자는 은연중에 마치 모든 면에서 최고라는 불러주는 것 같아 최강이라는 말을 즐기고 있다. 사람은 마흔이 넘으면 자신의 습관과 결혼한다고 했던가?

직장생활을 잘하는 방법은 배려를 잘하는 것이다. 배려는 누군가 해야 할 일이라면 눈치 센스로 먼저 하는 것이 출발점이다. 식사하러 갔을 때 먼저 물을 따르고 휴지를 깔아 수저를 놓는 행위 속에 진정한 배려가 살아 있다. 그리고 실질적으로 그런 행동을 보고 보통의 상사들, 그리고 선배들이 보았을 때 '오~ 사회생활을 어떻게 하는 줄 아는 군!' 이라고 생각한다.

리더가 말하면 최대한 경청하고 맞장구를 쳐주는 마음속에, 내가 하기 싫은 것은 동료에게도 미루지 않으며 내가 했으면 하는 것을 동료에게 먼저 권하는 마음속에 진정한 배려가 움트고 있는 것이다.

팀의 막내였던 필자도 세월이 흐르자 후배가 생기고 하고 싶지 않아도 피드백을 해야 할 위치가 되었다. 어느덧 직장이나 조직은 약간의 눈치와 센스가 있으면 웬만한 일은 원반히 해결할 수 있다는 것을 알게 되었다.

농경사회와 산업사회에서 힘 센 것이 경쟁력이라면 최첨단 정보사회에서는 소통이 곧 경쟁력이다. 소통에서 가장 중요한 것이 눈치 센스라는 것은 더 말할 필요가 없다. 이제 경쟁력을 갖추기 위해서라도 눈치 센스로 무장을 해야 한다.

눈치 센스는 결코 타고난 능력이 아니다. 필자의 경험을 되새겨 보면 꾸준한 노력과 인내로 얼마든지 키워나갈 수 있는 능력이다.

눈치 센스로 소통하자!

필자가 세상 사람들에게 할 수 있는 최고의 피드백이라 생각한 다.

"세상에는 남자 같은 여성이 있고, 여자 같은 남성도 있다. 이런 사람을 만날 때는 겉으로 드러난 성별로 판단할 것이 아니라 얼른 그 사람의 성향을 알아 차려 상황에 맞게 적절히 활용할 수 있어야 한다."

남과 여, 일도 사랑처럼 하라

김정현

눈물 뚝뚝 여자직원 vs. 이해 불가 남자상사

언젠가 TV예능프로그램에서 남자와 여자 간 소통의 차이를 콩트로 재현한 장면이 떠오른다.

약속 시간이 다 되어 급히 차 시동을 켜는데 시동이 안 걸려 안절부절 못하는 아내, 결국 직장에 있는 남편에게 SOS를 청하는데….

여자 : 자기~나 약속시간이 다됐는데 차 시동이 안 걸려. 어쩌지?

남자 : 배터리 나간 거 아니야? 라이트는 켜져?

여자 : 어제까지는 걸렸는데 왜 안 걸리지?

남자 : 배터리 문제인 것 같은데, 라이트는 켜져?

여자 : 약속시간 다 됐는데 큰일이네!

남자 : 아니! 라이트 커지냐고?

여자 : 자기, 지금 배터리가 중요해 내가 중요해?!

이러한 상황은 집안 거실에서도 아주 쉽게 접할 수 있는 상황이다.

저녁을 배부르게 먹고 따뜻한 거실에서 온 가족이 누워 TV를 보는 찰나에 다음과 같은 상황이 벌어지면, 우리가족은 특히 나와 내 동생은 순식간에 얼음이 된다. 집에서 나란히 누워 TV를 보고 있는 아빠와 엄마. 드라마를 한참 보다가 황신혜가 나오는데….

엄마 : 난 황신혜 별로더라

아빠 : 난 황신혜 좋던데, 얼굴도 예쁘고….

엄마 : 뭐? 얼굴도 다 고치고….

아빠 : 그래도 예쁘잖아? 황신혜!

엄마 : 뭐가 예뻐? 이 양반아!

아빠 : 뭐, 나이 들어서 저 정도면 괜찮지?

엄마 : (슬슬 얼굴빛이 변하며) 나도 돈만 있어봐라.

아빠 : …?!

엄마 : (잠시 후) 이 양반이, TV 보는데 시끄러워 죽겠네! 혼자 저 방 가서 보세요.

이렇게 사소한 밀다툼이 있으면 다음날 아침 식사는 어김없이 따로따로 해결하는 경우가 대부분이다. 황신혜가 예쁘든 예쁘지 않든, 배터리가 켜지든 안 켜지든 간에, 사실 그것은 별로 중요사항이 아니다.

특히 여자에게는!!

회사에서는 어떤가?

필자는 줄곧 가전제품이나 휴대폰 등 IT디바이스를 판매하는 회사에서 세일즈맨들을 대상으로 교육을 기획하고 강의를 하는 일을 담당했다. 아무래도 교육을 담당하다 보니 직원들과 많은 대화를 나누게 되는 것은 당연하고, 그만큼 매장도 많이 찾는 편이었다.

또한 직원들은, 아무래도 세일즈맨들이다 보니 남자직원이 8, 여자직원이 2의 비율인 경우가 대부분이었다.

한번은 강남에 위치한 매장에 들렸는데 아무래도 분위기가 심상치 않다. 점장은 상기된 얼굴이고, 직원들은 점장의 눈치를 보느라 좌불안석이다.

이상하다 싶어서 다른 한 직원에게 눈치를 살짝 주며 무슨 일이냐고 물어봤더니, 귓속말로 "2층 창고에 가보세요"라고 한다.

세상에…. 2층 창고로 갔더니…. 이제 막 결혼을 하고 입사한 지 3개월 정도 된 26세 유진 씨가 "꺽꺽!" 입을 틀어막고 울고 있는 것이 아닌가? 너무 놀라서 무슨 일이냐고 물어봤더니 고개를 설레설레 흔들며 "아무것도, 꺽꺽, 아니에요, 꺽꺽!" 하며 눈물을 펑펑 흘리고 있다.

필자는 영문도 모른 채 일단 그 직원의 손을 꼭 잡고 울지 마라며 등을 쓰다듬어 주었다. 그렇게 몇 분 후, 눈물은 여전히 흐르는데 그래도 민망했던지 배시시 웃으며 말했다.

"대리님 놀라셨죠? 아무것도 아닌데, 그냥요…."

필자는 왜 그러냐고 물어봤다.

"제가 결혼한 지 얼마 안 됐는데, 계속 서서 일하는 것이 힘들어서 그만 둘까도 생각했어요. 그런데 같이 일하는 언니 오빠들이 너무 좋아서, 점장님도 워낙 친오빠처럼 잘 챙겨주시니까 계속 근무를 하려고 했어요. 몸은 안 좋아지고 그만두려니 사람들은 너무 좋고…. 그래서 점장님께 이 일을 상의 드리고 싶어서 저는 조심스럽게 '점장님 시간 좀 괜찮으세요?' 라고 말을 꺼냈는데…."

그때부터 또 "꺽꺽~" 울고 나서 다시 말을 이어갔다.

"점장님 시간 좀 괜찮으세요?"라고 상담을 신청하고는 자초지종을 말씀 드렸더니. 점장 왈 "그래서 언제 그만 둘 건데?"라고 했다는 것이다.

"제가요, 점장님께서, '그래, 우리 유진이 많이 힘들지?' 이 말한 마디면 저 다 참고, 그래도 몸 안 좋은 것 극복하고 이겨내면서 근무할 수 있었거든요. 근데…."

또 꺽꺽 울기 시작한다. 어느 정도 감정과 눈물의 폭풍이 지나가고 난 뒤, 필자는 이어서 점장과 면담을 했다. 별다른 이유 없이 단순히 그 여자 직원이 미워서 "그래서 언제 그만 둘 건데?"라고 내뱉을 사람이 아니기에….

아니나 다를까 점장은 필자의 얼굴을 보자마자 당황한 기색이 역력한 얼굴로 "아, 왜 이렇게 우는지 모르겠어요."라며 말을 써낸다.

"요 며칠 유진이가 다른 직원들한테도 계속 힘들다고 말했고, 점장인 나도 일을 시키기가 미안할 정도로 아프다고 인상 쓰고, 그러던 찰나에 때마침 '점장님 드릴 말씀이 있어요.' 라고 하길래 우선은 유진이의 말을 들어봤어요. 근데 이거는 무슨 말을 하는 건지….
그럼 그만 두겠단 말인가, 아니면 계속 일을 하겠단 말인가, 그래서
어떻게 하겠다는 말을 안 하고, 점장으로서 다른 직원들 사기도 생
각해야 하고 직원도 관리해야 해서 그렇게 말한 것인데….”

　제3자의 입장에서 보면 유진씨도 점장도 어디 하나 틀린 말이
없다. 유진씨로서는 ‘힘내서 다시 한번 해보자’라는 말이 절실히
필요했고, 점장으로서는 더 이상 매장 분위기가 침체되기 전에 유
진이가 문제 해결을 위한 결단을 내줬으면 한 것이다.

　왜 이런 차이가 벌어지는 것일까?
　이 간격을 좁힐 수는 없는 것일까?
　자동차 시동이 안 걸려 속이 상한 아내나 시동이 안 걸리니까 라
이트를 확인하라던 남편도, 극구 황신혜가 예쁘다는 아빠나 그런
아빠에게 혼자 저 방 가서 TV 보라던 엄마도, 나 좀 알아 달라는
유진 씨도 힘들어 할 바엔 빨리 선택해 달라는 점장도, 사실 틀린
것은 하나 없는데 이 불통의 간격을 어떻게 채워 나가야 할까?

회식 자리, 성향(性向)에 따라 컨셉도 달라진다

　회사생활을 하다 보면 점심이든 저녁이든, 심지어 워크샵이라
도 있을라치면 주말까지도 빠질 수 없는 자리가 바로 회식이다.
회식자리는 타 부서와의 네트워크를 형성할 수 있는 좋은 창구가

된다. 또한 그 자리를 빌려 안면을 트게 되면 그 다음날부터 Co-Work를 하는데 있어서도 매우 유용하다. 또한 회식자리는 팀 내에서도 스트레스를 푸는 자리이자, 업무 중에는 차마 말하지 못했던 '오프 더 레코더'의 소문도 공유할 수 있는 자리인지라 직장에서 소위 '왕따' 당하지 않으려면 결코 소홀히 할 수 없는 자리다.

　회식자리는 최고 직급의 상사가 남자냐, 여자냐에 따라서 분위기가 확연히 달라진다. 남자상사라면 소주에 삼겹살을, 여자상사라면 파스타에 오렌지 에이드를 먹는 것과는 차원이 다른 발견이다!

　우선 남자 팀장의 회식자리를 상상해보자. 팀장은 웬만해서는 그 자리에 먼저 가서 앉아 있지 않는다. 다만 과장급 정도 되는 분들이 우선적으로 팀장이 앉을 중간자리를 비워놓고, 그 밑에 사원, 대리급들이 팀장 자리에서 가장 먼 자리부터 천천히 채워나갈 뿐이다.

　자리가 채워졌다 싶으면 팀장이 등장한다. 마치 당연한 듯 지정석인 중간자리에 앉는다. 그리고는 주문을 하는데- 그 주문 역시 팀장의 식성과 기호에 맞춘 아이템들이다. 음식 나올 때쯤 "이제 먹어보지."라고 하면 그제서야 모두들 숟가락 젓가락을 주섬주섬 들기 시작한다.

　술자리에서는 또 어떤가? 팀상의 건배 제의가 없이는 절내 그 자리를 시작할 수 없다. 우리끼리 술잔을 주고 받고 혼자서 술을 따러 마신다?! 그것은 아주 예의 없는, 위아래를 모르는, 절대 큰일 날 일이다.

　자리가 무르익으면 팀장은 옛날 사원 때 무용담, 모셨던 상사 이야기, 사모님과의 로맨틱한 연애 스토리 등을 나열한다. 이야기의 중심은 오롯이 팀장이 된다. 회식자리를 마무리 지을 때 역시, 팀장의 파이팅 넘치는 한마디, 또는 "이제 가자."라는 한 마디가 떨어져야 한다.

　여자 팀장의 회식자리는 메뉴선정에 대한 프로세스부터가 다르다. 웬만해서 여자 팀장이 메뉴를 선택하는 일은 거의 없다. 여자 팀장과 회식이 있을라치면 우선적으로 바쁜 것은 막내다. 사내 메신저나 단체 카톡으로 메뉴선정을 위한 대화를 시도해 모든 직원들의 의중을 물어본 뒤에 공평하게, 모두가 찬성한 선에서 메뉴를 정해야 한다.

　회식 시작! 식사가 시작되면 우선적으로 막내직원이 취합한 메뉴대로 주문이 이루어진다. 이번 회식자리에서는 희한하게도 여자 팀장의 일장연설 후 식사가 시작된다거나 그녀의 건배제의가 회식자리의 스타트를 끊는 신호가 되지는 않는다. 다만 음식이 나오면 너나 할 것 없이 "맛있게 드십시오"라는 말과 함께 식사가 이뤄진다. 또한 말의 주도권이나 시선이 팀장 한 사람에게 집중되는 일이 없다. 모두에게 아주 공평하게 발언권이 주어지고, 꽤 다양한 주제로 여러 사람들이 공평하게 이야기를 나누는 모습을 볼 수 있다.

　회식의 끝도 팀장에 의해 좌우되기보다는 어느 누군가에 의해 "그럼 일어나실까요?"라는 말로 일단락된다.

　한번 생각해보자. 내가 좋아하는 자리는 전자인가? 후자인가?

전자의 회식자리는 불편해요, 후자의 회식자리가 편해요. 또는 그 반대의 경우도 있을 것이다.

만약 당신이 회식자리를 극도로 불편하게 여긴다면, 혹시 이러한 성향에 따른 회식문화 차이로 인한 것은 아닌지 생각해 봐야 할 문제이다. 서로 다른 차이점을 인식하지 못하고 자신의 취향대로 이뤄지기 바란다면 이 또한 불통의 원인이 되기 때문이다.

똑같은 보고, 다른 피드백-보고에 대하여

작년 가을에 있었던 일이다. 마케팅 팀에 있는 은영 씨는 올 겨울 크리스마스 시즌을 맞이해서 쇼핑백을 디자인하고 발주하는 일을 맡아서 진행하고 있었다. 타고난 미적 감각을 자신하는 그녀는 당연히 저렴하면서도 세련되고 멋지게 쇼핑백을 디자인 해 내었다. 그리고는 샘플이 완성됨과 동시에 기쁜 마음을 안고 팀장에게로 달려갔다. 다행히도 그녀의 기쁨을 받아 줄 팀장은 여자이다!

은영 씨 : 팀상님, 제가 이 쇼핑백 만든다고, 얼마나 뛰어디녔는지 몰라요. 물론 힘들기도 했지만, 꿋꿋하게 끝까지 밀고 나가서 저렴하면서도 크리스마스 분위기에 딱 맞는 쇼핑백을 만들었습니다.
마케팅 팀장 : 어머, 정말? 우리 은영 씨가 큰일 했네. 그래, 어디 보자. 어머머, 예쁘다.

은영 씨 : (목에 힘이 들어가며) 이번 2013년 크리스마스 시즌을 기념으로 기존과는 다른 조금 더 산뜻한 느낌의 이미지를 주기 위해서 이렇게 비닐커버느낌을 살려서 했구요, 저희 회사로고는 지금 보시는 것보다는 더 크게 들어가도록 해서….

  은영 씨도 마케팅 팀장도 얼추 쇼핑백이 마음에 드는 눈치이다. 그렇다면 다음 관문은? 바로 회사에서 돈을 쓰고 재정을 집행하는 재무팀 팀장 차례다!
  물론 윗분들의 결재를 득하고 품위를 써서 진행하는 일이긴 하지만, 관례상 만든 쇼핑백은 재무팀 팀장께도 한번은 보여드려야 하리라. 그런데 아뿔싸! 재무팀 팀장은 참으로 전형적인 경상도, 그 중에서도 무뚝뚝한 부산 사나이다.
  우리 은영 씨, 씩씩하게 마케팅 팀장님께 칭찬 받았던 그 멘트 그대로 보고를 드린다. (사원이라 아직은 발랄하다)

은영 씨 : 팀장님, 제가 이 쇼핑백 만든다고, 얼마나 힘들었는지 몰라요. 하지만, 힘들었지만, 꿋꿋하게 끝까지 밀고 나가서 저렴하면서도 크리스마스 분위기에 딱 맞는 쇼핑백을 만들었습니다.
재무팀 팀장 : 그래서?
은영 씨: 네? 저기, 봉투를….
재무팀 팀장 : 아, 은영 씨가 봉투를 만들어왔지? 그래서 얼마냐고?
은영 씨: 아 그쪽 업체와 충분히 네고해서 저렴하게….
재무팀 팀장 : 허허, 그래서 얼마냐고?

은영 씨: 아, 네, 장당 200원입니다.

재무팀 팀장 : 알았어. 결재할게. 발주해.

은영 씨: 네….(시무룩)

그리고는 은영 씨는 소대리 곁으로 와서 힘이 쭈욱 빠진 목소리로 이렇게 말한다.

"대리님, 재무팀장님은 날 싫어하시나 봐요?"

'그게 아닌데…. 재무팀장님은 똑 부러지게 일 잘하는 소영 씨를 싫어하는 게 아닌데….'

은영 씨는 단지 쇼핑백을 열심히 만들어 윗분들께 보고를 드렸을 뿐이다. 그것도 아주 똑같은 멘트로. 그런데 마케팅 팀장의 피드백과 재무 팀장의 피드백은 확연히 다르다!

동일한 일로 보고하는 직원이 뒤바뀐 사례를 살펴보겠다.

마케팅 팀에 남자직원이 새로 들어왔다. 그의 이름은 원식 씨, 아직 신입이지만 인턴 경력이 꽤 있어서 그런지 과장님이 매장 상권에 따른 로컬 홍보방안을 준비하라고 주문을 한다.

그로부터 며칠 후, 남자직원이 보고를 하는데….

원식 씨 : 과장님이 말씀하신 매장 상권에 따른 로컬 홍보방안 관련한 보고서입니다.

강성희 과장 : 음, 이거 하면서 궁금한 사항이나 힘든 점은 없었어요?

원식 씨 : 네? 아, 네, 없었습니다.

강성희 과장 : 진행하는 내내 나한테 묻지도 않고 혼자 업무를 하던데 누구한테 물어본 거예요?

원식 씨 : 네? 매장 점장님들이랑..영업팀 과장님들하고….

강성희 과장 : 어느 매장에 누구? 그 분들께서 뭐라 하시던가요?

원식 씨 : 네? 그냥, 보고서에 작성해 두었습니다.

강성희 과장: (한숨을 쉬며) 읽어볼 테니 가보세요.

원식 씨: 네….

　원식 씨는 강성희 과장님이 여성, 그 중에서도 여성성향이 아주 강한 사람이라는 것을 알아채지 못한 채, 그냥 그렇게 "보고서에 작성해 두었습니다"라는 말과 함께 씁쓸히 뒤 돌아설 수밖에 없었다. '도대체 뭣 때문에 그러지?' 라는 의문의 마음만 남긴 채….

　원식 씨는 나름대로 최선을 다해 일을 했고, 또한 납기일에 맞춰서 보고도 했다. 강성희 과장님 역시 새로 들어 온 신입사원이 업무를 하면서 힘든 점은 없었는지, 또 도와줄 사항은 없었는지, 이 프로젝트를 통해서 무엇을 느꼈는지 알고 싶었을 뿐이다.

　과연 두 사원-과장의 대화 속 소통차이!!

　어디서부터 잘못된 것일까?

무엇이 그들을 다르게 만들었는가?

네이트 판에서 웃지도 울지도 못할 글을 발견했다.

펌글)

여자직원과 일하기 싫어요. 같은 여자이지만, 부하직원으로 또 동료직원으로 여자는 같이 일하기 정말 힘듭니다. 기혼여성 남편, 시댁, 친정, 아이, 병원, 금전문제, 대소사…. 그러다 보니 정작 일터에서는 일에 매진하지 않습니다.

"내가 얼마나 힘든데, 결혼한 여자가 얼마나 힘든지나 알어?"

울어요. 마구 울어요. 사람 잡는 줄 알겠더라구요.

미혼여성도 마찬가지입니다. 연애 중인 여성은 더해요. 남자친구하고 싸우는지, 회사 나온 얼굴 보면 다 알아볼 정도예요. 여성분들이 이러니 회사에서 남자직원만 키워주게 돼요. 남녀평등 외치면서 정작 공평하게 일해야 할 때는 "어, 그런 거 남자가 하는 건데 왜 나보고 하래, 날 미워하는 거지?"라며 뒤로 빼요. 영업하면 무슨 큰일 나는 거라고 생각하죠. 여자는 못하는 거라고 해요. 못한네요, 여자라서. 시도도 해보지 않고. 그러면서 차 대접해야 할 일이나 가벼운 은행일 좀 하라고 하면 "내가 수건 잡고 심부름하고 커피 타려고 여기 들어왔는 줄 아냐"라고 해요. 미쳐버려요. 정말.

물론 개인의 생각을 토로해 놓은 글이기에 큰 의미를 담을 정도
는 아니라고 넘어갈 수 있다. 하지만 같은 여자로서도 공감이 가
는 부분이 많다.

필자 역시 소통에 대한 강연을 수차례 진행해오면서 교육 중에
만난 사람들에게 물어본다.

'만약 나와 같이 일하는 후배 직원으로 사람을 뽑아야 한다면
당신은 여자직원을 뽑을 것인가? 남자직원을 뽑을 것인가?'

그러자 여자든 남자든, 또한 나이가 많든 적든, 대부분의 사람들
이 "남자 직원"이라고 대답했다. 남자직원은 시키면 시키는 대로
"네, 알겠습니다"라고 하니까 긴 설명을 안 해도 되고, 일일이 감
정까지 신경 쓰고 따로 챙겨줘야 할 필요가 없어서 좋다고 한다.

소수였지만 "여자직원"이라고 대답한 사람들은 "남자직원은 시
키면 시키는 대로 일을 하지만 시키지 않으면 일을 하지 않는다"
라고도 했다. 참으로 인상적인 대답이다.

실제로 남자와 여자가 신입으로 채용되었을 때의 모습이다. 여
직원은 예쁘게 먼저 다가와서 "선배님~선배님~"하면서 이것저
것 궁금한 사항에 대해 물어본다. 하지만 남직원은 그렇지 않다.
애꿎은 바탕화면만 쳐다보며 업무 지시가 있을 때까지 마우스로
의미없이 네모 박스만 만들 때가 많다.

마이클 거리안과 바바라 애니스의 「회사 속 남과 여, 그 차이의 심
리학」에서는 남녀 차이점에 대한 수많은 연구결과를 담고 있다.

그 중에 하나가 진화 심리학의 관점에서 남성과 여성은 무리를

이루는 특성이 다르고, 그 조직 안에서 수행하는 역할도 각각 다르다는 것이다. 즉 남자는 대규모 수직적인 구조를 이루는 반면 여성들은 소규모의 수평적인 구조를 이룬다고 한다.

원시시대를 떠올리면 쉽게 이해할 수 있다. 남성들은 먹잇감을 얻기 위해 연장자의 통솔 하에 사냥을 하러 나갔다. 연륜이 많고 사냥의 노하우를 많이 알고 있는 리더의 말을 따르는 것이 사냥에 성공할 확률이 높다는 것을 잘 알기에 리더의 말에 복종했다. 진화론에 의해 리더에게 절대 복종하며 수직적으로 일사분란하게 움직이는 것이 체질이 되어 지금까지 내재화 되어왔다는 것이다.

이에 반해 여성들은 동굴 안에서 이웃집 여자들이 모여 수다를 떨며 사냥 나간 남편이 돌아올 때까지 안전하게 아이들을 보호하는 것이 일과였다. 진화론적으로 감정을 읽어주고 공유하며 표현하는 것이 익숙해진 것이다. 그리고 이런 특성이 회사와 조직에서도 그대로 발현된다는 것이다.

**회사 속의 남과 여
그 차이의 심리학**

마이클 거리언, 바버라 애니스 지음
조자현 옮김
출판사 지식노마드

보수적인 우리의 기업문화에서, 특히 대규모 수직적인 조직에 익숙한 남성성향의 리더들이 회사를 이끌어온 문화에서는 군말 없이 지시에 따라 움직이는 직원을 더 편하게 생각할 수밖에 없다.

이에 반해 여성성향의 직원들은 소규모 수평적인 구조가 몸에 맞아서 누군가 업무를 지시할 때도 수직적인 커뮤니케이션 즉 "하라면 해!"라는 것보다 '내가 왜 이 일을 해야 하는가?' 알기를 바라고 또 어떻게 해야 하는지를 끊임없이 묻는 것이다.

그래서 남성성이 강한 조직에서는 "여성들과 일하는 것에 대해 어떻게 생각합니까?"라는 질문에, "여자직원과 일하면 장점도 많지만 때로는 업무지시를 할 때 남자직원보다 더 많은 말을 해야 하기 때문에 피곤할 때가 있습니다", 또는 "질문에 앞서 일단 내가 지시한 일을 먼저 하는 모습을 보여줬으면 좋겠습니다."라고 대답하는 상사들이 많은 것이다.

이에 반해 여성들은 "업무지시를 내릴 때는 왜 이 일을 해야 하는지, 그리고 어떻게 해야 하는지 구체적으로 알려주었으면 좋겠습니다."라고 하는 대답이 많은 것이다.

그러니 앞의 사례처럼 적극적인 공감을 바라던 유진 씨는 그런 점장이 마냥 섭섭해서 울고불고 눈물을 흘릴 수밖에 없었고, 반대로 점장은 빠른 문제 해결을 위해 단호하게 말할 수밖에 없었던 것이다.

은영 씨의 사례에서는 또 어떤가? 여성성향이 강한 마케팅 팀장은 은영 씨의 시시콜콜한 보고에도 맥락적으로 경청해 주었지만 남성성향이 강한 재무팀장은 결과를 우선으로 듣고자 하는 반응을 보였다.

원식 씨의 사례 역시 마찬가지다. 여성성향이 강한 강성희 과장이 원식 씨의 보고방식이 마음에 들지 않았던 이유는 '결과보고'뿐만 아니라 일을 수행하면서 겪고 느껴왔던 '전반적인 맥락'을 듣고 싶었던 것이다.

함께 하기 위한 소통미션 BIG 3

세일즈 기법 중에 '매직넘버 3의 법칙'이 있다. 제품의 혜택을 반드시 3가지로 요약해 상대방을 설득하는 기법이다. 가위바위보도 삼세판, 올림픽 메달도 금은동, 성적도 일이삼 등이 있듯이 '3'이라는 숫자는 우리에게 참 중요한 의미를 갖는다.

BIG 1. 개인적 감정보다는 더 큰 조직의 그림으로

지인의 페이스북에 이런 글이 올라왔다.

'내가 회사를 다니면서 여러 가지 불만 중 한 가지가 해결되어서 좋다', '나 지쳤어. 가만히 좀 놔둬. 회사 여사화장실 변기 위에서' 그러고는 잠시 뒤 삼겹살 사진이 떡~하니 올라오며 '극복'이라고 했다.

필자는 그 글을 보자마자 얼른 게시글 삭제를 제안했다. SNS는 결코 개인적인 공간이 아니다. 이런 공간에 본인의 감정을, 그것도 회사에서 느꼈던 부정적인 감정을 그대로 게시하는 것은 결코 좋은 일이 아니다. 만약에 상사가 이 글을 보기라도 한다면 오해의 폭이 깊어질 것이다.

조직에서는 상사에 대한 섭섭함을 개인적인 감정으로 표현하기보다 '조직생활'이라는 큰 그림으로 봐야 한다.

조직생활은 특히 대규모 수직적인 구조가 익숙한 조직에서는 철저하게 결과중심으로 돌아간다. 당연히 회사에 이익이 있어야 직원도 제때 월급을 받고 살 수 있는 것이다.

따라서 개인적 감정은 사적인 자리에서 풀고, 회사업무와 관련된 일은 철저히 성과달성을 중심으로 풀어나가야 하며 개인적 감정보다는 조직의 일부로서 성과달성을 위해 어떤 기여를 할 것인지를 찾아 나가야 한다.

BIG 2. 다름을 온전히 인정하자

다름을 온전히 인정하는 것은 상대방의 입장에서 생각하는 마음가짐이다. '온전히 인정하기'는 소통에서 매우 중요하다.

지난 십여 년간 수많은 교육과 상담을 해 오면서 참 많이 들어온 말 중에 하나가 '내가 그 사람이라면 그렇게 하지 않겠다'라는 것이다. 상대방의 입장에서 아무리 생각해 봐도 나는 결코 그렇게 행동하지 않겠다는 것인데, 이것은 '온전히 인정하기'에서 한참 벗어나 있다.

'내가 그 사람이라면?'

이 문장은 주어가 자기중심이다. 그러니 어떻게 상대의 마음을 온전히 헤아릴 수 있겠는가?

진정한 다름의 인정이란, 그 또는 그녀도 '그럴 수 있다' 고 온전히 인정하는 것이 전제가 되어야 한다. 세상에 이유 없는 무덤은 없다. 그 또는 그녀도 '그럴만한 이유가 있을 것' 이라고 믿어주는 신뢰의 마음가짐이 전제가 되어야 한다.

온전한 인정으로 신뢰의 마음가짐이 바탕이 된다면 알아봐 달라고 섭섭해 하는 여자직원도, 성과중심으로 문제해결을 원하는 남자상사도 서로 마음 다치는 일 없이 서로가 윈–윈 할 수 있다.

BIG 3. 갑이 아닌 을의 마인드로

"인생의 궁극적 승자는 갑이 아니라 을이다"

「팔로우」(김효석 · 이인환 공저)에 있는 핵심내용이다. 설득박사 김효석 교수는 '을의 마인드' 를 매우 중요하게 여긴다. '갑' 과 '을' 은 직책이 바뀌면 얼마든지 바뀔 수 있다.

따라서 강요와 지시에 익숙한 '갑의 마인드' 는 직책이 사라졌을 때 사람과의 관계를 어렵게 만든다. 높은 직책에 있다가 정년 퇴임하신 분들이 그 마인드를 버리지 못해 은퇴 후에 사회에 쉽게 적응하지 못하는 경우를 많이 본다.

이에 반해 설득과 아부에 익숙한 '을의 마인드' 를 갖고 있으면 설사 직책이 사라진다 해도 걱정할 일이 없다. 오히려 '갑' 의 위치에 있으면서도 '을의 마인드' 를 갖고 있으면 주변 사람들로부터 더욱 존경을 받을 수 있다.

예를 들면 이와 같다. 회식자리에서 숟가락을 놓고 물 따르는 일은 누군가 해야 할 일이다. 고기를 굽는 것은 어떤가? 커피 한 잔 타 달라고 할 때는 어떤가?

갑의 마인드라면 괜히 자존심 상할 수 있다. '내가 얼마나 고급 인력인데 이런 일을 해야 하나?' 혹은 '내가 과장인데 겨우 이런 일을 해야 해?' 라는 마음을 가질 수 있다.

그런데 생각해 보자. 이런 자리에서 손 하나 까닥하지 않고 본인 입에 들어가는 것만 챙겨 먹는 이와 직책이 높은 데도 불구하고 직원들을 섬기는 마음으로 손수 물을 따르고 고기를 굽는 이가 있다면 누가 더 존경스러운가? 누가 더 승자라고 볼 수 있겠는가?

'을의 마인드'란 바로 이런 것이다. 고작 커피에, 고기에, 숟가락에 자신의 귀중한 자존심을 걸고 있지는 않은지 살펴볼 일이다.

I'm Great!
'내가 최고야!'

팔로우

김효석 · 이인환 지음
미다스북스

1백만 수강생의 삶에
진정한 행복을 선사한 전설의 명강의!
이제 '리딩'이 아니라 '팔로우'다!!

사람은 누구나 이런 마음을 갖고 있다. 모든 분쟁과 갈등은 바로 이 마음에서 생기는 것이다.

"힘들지?"

한 마디면 되는데 그것을 못 들어서 섭섭한 사람이 있다.

"여기는 회산데 왜 개인만 생각하는지 모르겠다."

섭섭한 사람의 마음을 이해하지 못하고 오직 회사 일만 생각하는 사람들도 있다. 그러니 갈등이 생기는 것은 당연한 일이다. 과연 누가 먼저 다가서야 할까?

물론 많은 사람들이 상사는 '갑'이니 부하직원인 '을'이 숙이고 들어가야 한다고 여긴다. 과연 그럴까? 만약에 부하직원이 그만둔다면 상사는 행복할 수 있을까? 오히려 상사가 먼저 '을의 마인드'로 부하직원의 마음을 챙겨주고 다가선다면 어떨까? 더욱 존경받는 상사로 자리 잡을 것이고, 그것이 곧 본인에게도 더욱 행복한 삶이 아닐까?

'인생의 궁극적 승자는 갑이 아니라 을'이라는 마인드로 직책과 남녀구분에 관계없이 먼저 상대에게 다가서는 마음을 갖는 것은 매우 중요한 일이다.

'나의', '나에 의한', '나를 위한' 갑의 마음을 내려놓고 내가 먼저 '을의 마인드'로 다가서고 공감하며 이해해주는 그 '마음 씀씀이'를 챙겨 보아야 한다.

사랑도 일처럼! 일도 사랑처럼!

비상경영체제 선포!

지금 우리의 기업은 비상이다. 검색창에 '비상경영'이라는 글자
만 입력해도 현재 비상경영 체제를 시행하고 있는 중소기업 및 대
기업이 연관 검색어로 줄줄이 나온다.

필자 역시 비상경영체제로 출근시간은 당기고 퇴근시간은 늦추
는 고초를 경험했고, 설이나 추석 연휴에 치약세트 하나 없이 빈
손으로 고향에 내려간 적도 있다.

직장인으로서 출퇴근 시간과 명절연휴 선물세트는 회사를 계속
다닐 것인가, 말 것인가에 대해 지대한 영향을 끼치는 중요한 사
안이다. 더욱이 평사원의 경우 회사가 비상경영체제로 돌입하면
마음이 흔들리거나 회사에 불만이 생기는 것은 어쩔 수 없는 것이
다.

다만, 그럴 때일수록 조직의 큰 그림, 그리고 우리의 팀장들을 생각해보자. 보통 차장 또는 부장 직급인 '우리의 팀장님들'은 대개 40~45세이고, 아마 결혼을 일찍 했다면 아이들이 중학생, 늦게 했다면 유치원이나 초등학교에 다닐 것이다.

2012년 전국 1만 8,000가구 남녀 1만 3,385명을 대상으로 보건복지부와 한국 보건 사회 연구원이 공동 조사한 설문조사 결과에 따르면 자녀 한 명을 키우는 데 영아기(0-2세) 3,063만원, 유아기(3세-5세) 3,686만원, 초등학교(1-6학년) 7,596만원, 중학교 (1-3학년) 4,122만원, 고등학교 (1-3학년) 4,719만원, 대학교(1-4학년) 7,708만원까지 총 3억 894만원의 양육비가 든다고 한다.

이런 와중에 비상경영체제, 내수경기침체, 임원진 감축 명예퇴직 검토 등의 사안은 평사원이 겪는 출퇴근시간에 대한 불평, 명절연휴에 받지도 못한 치약세트에 대한 불만과는 비교할 수 없을 것이다.

팀장들은 회사에서 진행하는 프로젝트 하나하나가 매우 중요하고 시급한 사항들이다. 그런데 이런 시점에 SNS를 통해서 여자변기 위에서 울고 있다는 둥, 회사에 불만이 있다는 둥, 왜 나를 알아봐 주지 않느냐는 둥, 이런 글을 올린 부하직원의 글을 본다면 어떤 심정이겠는가?

아울러 업무지시를 하지 않았다고 아무것도 하지 않으며 바탕화면만 바라보고 있는 직원을 보게 된다면 어떤 마음이겠는가?

A. 정공 임금이 공자에게 물었다. "임금이 신하를 부리고 신하가

임금을 섬길 때는 어떻게 해야 합니까?" "임금은 신하를 부릴 때는 예에 따라야 하고 신하가 임금을 섬길 때는 충(忠)해야 합니다."

B. 증자가 말했다. "나는 날마다 다음 세 가지를 반성한다. 남에게 충고할 때 충심을(忠) 다했는가? 친구와 사귈 때 신의를 지켰는가? 잘 알지 못하는 것을 전수하지는 않았는가?"

"회사를 향한 당신의 충성심은 어떠한가?"

충성은 마음의 중심을 바로 잡아 정성을 다하라는 의미다. 회사 생활을 하면서 우리는 얼마만큼 중심을 잡고 정성을 다해 일을 하고 있는가?

힘든 대인관계와 부정적 상황, 불평불만에 휩싸여 나만의 중심을 못 잡고 마구 흔들리고 있는 것은 아닌가?

필자 또한 회사생활을 할 때를 돌이켜 생각해 보면 참 이기적이었던 사람 중에 한 사람이다. '회사는 나를 키워주는 곳'인 줄 착각했고 '회사에서 배울 것이 없으면 더 이상 있을 만한 가치가 없다'는 등 아주 큰 오류를 범했던 적이 있다. 그때 누군가에게 뒤통수를 맞는 소리를 들었다.

"회사가 학원이냐? 월급은 월급대로 받아가면서…. 가르쳐주기까지 해야 해?"

"사랑도 일처럼!"

사랑도 상대방이 먼저 해주길 바라거나 마냥 기다리며 재고 평가하고 여차해서 쉬이 포기한다면 이룰 수 없다. 열심히 일을 하는 것만큼이나 최선을 다해 공을 들여야 사랑도 이룰 수 있다.

"일도 사랑처럼!"

사랑하면 여자는 남자에게, 남자는 여자에게 잘 보이기 위해 정성들여 가꾸는 일을 한다. 상대가 이해하기 힘든 행동을 해도 다 받아들이고, 오로지 정성을 다해 그의 집 앞에 가고, 약속을 지키기 위해 없는 시간도 짜낸다. 말이 안 되는 행동을 해도 이해하려 노력하고, 부족한 부분이 보여도 매력으로 봐주는 배려도 한다. 또한 이해하기 힘든 남자, 혹은 여자라고 쉽게 깨지지 않는다. 부딪히고 싸우면서도 서로를 사랑하는 마음으로 감싸고, 매사를 좋은 방향으로 해석하고 서로를 맞춰나간다.

어디 그뿐인가? 부모님이 뜯어 말려도 안 된다. 귓가에는 아무것도 들리지 않고 오로지 그 또는 그녀 생각뿐이다. 상대방이 아프기라도 하면 더러는 부모님이 아플 때보다 더한 정성을 보이지 않는가?

"사랑도 일처럼!"

"일도 사랑처럼!"

조직에서도 이처럼 정성을 다해 중심을 잡아산나면 우리의 소통은 언제나 '사랑처럼 행복'할 것이다.

못다한 '남과 여' 이야기

　필자의 첫 직장은 물류센터였다. 고객들이 가전제품을 구입하면 그 제품을 배달하고 설치해주는 물류기사 분들을 대상으로 교육을 진행했는데 근무 환경이 특이했다. 센터에서 근무하는 남자가 200명이라면, 여자는 총무업무 담당자와 서비스 교육 담당자인 나뿐이었다. 세일즈맨을 대상으로 교육을 담당할 때는 교육생들의 90%가 남자였다. 그렇다 보니 남자직원을 대하는 것에 익숙했고 커뮤니케이션도 문제해결 중심의 대규모 수직적인 업무방식을 더 편하게 했다.

　그런데 근무처를 'CS 아카데미'로 옮기니 온통 여자직원뿐이었다. 화장실에서 나누는 시시콜콜한 수다와 스몰토크들…. 처음에는 이런 것들에 굉장한 문화적 충격을 받았다. 소규모 수평적인 구조에서 오가는 대화와 행동이 불편하고 힘들었기 때문이다.

　그러면서 자연스레 남녀 차이에서 벌어지는 일들에 관심을 갖기 시작했고, 점점 빠져들어 그와 관련된 논문과 서적을 주구장창 파고 들었다. 시중의 남녀 관련된 도서를 죄다 사 들고 여름휴가를 보낼 정도였다.

　그렇게 탐독하다 보니 회사에서 벌어지는 남녀 차이의 문제는 단순히 겉으로 드러나는 성별의 차이로 볼 수 없다는 것을 알게 되었다.

　사회가 급속도로 발전하면서 이제는 '남자' 하면 떠오르는 이미지와 '여자' 하면 떠오르는 아이콘들의 경계가 매우 희미해졌다.

남자 중에도 여성 성향을 지닌 이가 있고, 여성 중에도 남성 성향을 지닌 사람이 있다. 남자 중에도 시시콜콜 이야기 나누는 것을 좋아하는 이가 있고, 여자 중에도 카리스마 넘치게 일을 밀어 붙이는 사람이 있다.

요즘 남녀 차이에 대한 연구결과가 많이 발표되고, 관련 책도 많이 나오면서 많은 이들이 좋은 정보를 많이 접하고 있다. 그러다 보니 이제는 도가 지나쳐 남녀 차이를 이분법적으로 재단하는 이들을 많이 접하게 된다.

"역시 여자라 어쩔 수 없어!"
"남자는 역시 이렇게 다뤄야 해!"

성향의 차이마저 성별의 차이로 낙인을 찍은 오류가 벌어지고 있는 것이다. 남녀 차이를 이해하지 못하는 것도 문제지만, 남녀 차이를 이해했다고 이분법적으로 구분 짓는 것은 더욱 위험천만한 발상이다. 연구 자료는 어디까지나 참고자료로 활용되어야 한다.

"저 사람은 여자여서 그래!"
"저 사람은 남자여서 그래!"

더 이상 이런 이분법적인 사고방식은 경계해야 한다.
세상에는 분명히 남자 같은 여성이 있고, 여자 같은 남성도 있다. 이런 사람을 만날 때는 겉으로 드러난 성별로 판단할 것이 아니라 얼른 그 사람의 성향을 알아차려 상황에 맞게 적절히 활용할 수 있어야 한다. 남자 같은 여성에게는 남자처럼 대할 줄 알아야 하고, 여자 같은 남성에게는 여자처럼 대할 줄도 알아야 하는 것이다.

세상에는 남자 같은 여자와 여자 같은 남자가 결혼을 해서 행복한 가정을 꾸리는 경우도 많다. 두 사람이 서로의 차이를 인정하지 못하고, 여자는 남자에게 남자다워야 한다고 강요하고, 남자는 여자에게 여자다워야 한다고 강요한다면 어떤 일이 벌어지겠는가?

직장생활도 마찬가지다. 남자 같은 여직원에게 여자다움을 강요하거나, 여자 같은 남직원에게 남자다움을 강요한다면 소통은 제대로 이뤄질 수가 없다. 먼저 상대방의 성향을 인정하고 성향에 맞게 소통하는 지혜를 발휘했으면 한다.

남과 여, 일도 사랑처럼 하라.

사랑도 서로의 차이를 인정하고 서로의 성향에 맞게 소통해야 행복한 가정을 이룰 수 있듯이 회사의 일도 사랑처럼 한다면 행복한 직장생활을 이룰 수 있을 것이다.

"세상에는 논리적인 말보다 더 중요한 것이 있다. 마치 맛조개를 캐기 위해서 살살 달래야 하듯이 사람과 소통하기 위해서도 '살살 달래주기 기법'이 필요하다."

언어습관을 체크하라

김지은

맛조개도 살살 달래줘야 한다

해마다 여름이면 장삼포를 찾았다. 썰물에 맞춰 삼삼오오 갯벌에서 직접 맛조개를 캐는 재미가 있기 때문이다. 맛조개를 캐려면 삽으로 갯바닥을 비스듬히 파헤쳐야 한다. 타원형의 구멍 안으로 맛소금을 살살 뿌린다. 2~3초 후에 동그란 머리에 더듬이 같은 촉수를 흔들며 길쭉한 조갯살이 쏘옥 고개를 내민다. 이 때 잽싸게 몸통을 잡고 뽑아내면 맛있는 맛조개를 잡을 수 있다.

처음에는 어렵게 찾은 녀석이 맛소금에 취해 "나 잡아가슈!"해도 쉽게 바구니에 담을 수가 없었다. 고개를 내밀면 갯바닥을 파헤치며 두 손으로 움켜지고 있는 힘껏 잡아당겼지만 매번 허사였다. 맛조개가 위로 올라온 만큼 갯벌 속에도 단단히 고정하고 있어서 쉽게 뽑아내기가 힘들었다. 한번 사라진 조개는 절대 다시 올라오지 않았다. 몇 번을 속상해 하자 남편이 조개한테 힘자랑 하냐며 그렇게 해서는 절대로 맛조개를 이길 수 없다고 했다.

"맛조개는 살살 달래줘야 해. 잘 봐, 맛조개가 올라오면 몸통 뿌리를 잡고 살살 앞뒤로 흔들어주는 거야. 그러면 어느 순간 쑤욱 하고 올라와. 봤지?"

오호라, 신기하게도 남편의 손끝에는 갯바닥 밑에 박혀 있던 돌기들을 알아서 정리한 것처럼 말끔한 모습으로 쑤욱 올라온 맛조개가 들려져 있었다. 맛조개를 건네주며 햇살에 그을린 얼굴로 씨익 웃어주는 남편이 어찌나 멋있던지….

필자 역시 배운 대로 살살 맛조개를 달래주며 당겼더니 쑤욱 빠져 올라왔다. 집에 돌아올 때는 바구니 가득 채울 수 있었다.

'살살 달래줘야 한다고?'

그 후로 필자는 이 말을 자주 떠올렸다. 결혼을 하고 부딪히는 일이 어디 한두 가지던가? 신기한 것은 남편과 부딪힐 때마다 이 말을 떠올리는 것만으로도 큰 힘이 되었다.

이것은 결혼생활에만 한정된 일이 아니다. 직장생활을 하면서도 이 말은 마성의 힘을 가진 것처럼 힘들 때마다 큰 위로처럼 다가왔다.

그 이후로 필자는 회사생활이 힘들 때면 맛조개를 떠올리곤 한다. 직장 상사와의 부딪힘, 동료와의 충돌, 부하직원의 반발 등 난관에 부딪힐 때마다 "살살 달래주기 기법"은 강하지 않아도 강할 수 있음을 보여주었다.

물론 여러 번의 시행착오가 있었다. 감정의 해소만으로는 업무의 성과를 높일 수 없고, 내 감정을 그대로 드러내고 얘기하기도 어려워 진정한 감정의 해소 또한 쉽지 않았다.

그렇기 때문에 그만한 노력이 필요했다. 무엇보다 먼저 말 한 마디를 하더라도 진심과 열의, 응원과 지지, 인정과 헤아림을 생각했고, 어떻게든지 상대와 통하려는 세심한 배려가 필요했다.

논리적인 말보다 감성적인 어조로 말하라

필자가 콜센터에서 근무할 때의 일이다. 20대 초반의 은영 씨는 '참으로' 논리적이다. 아침마다 숙지할 업무 내용과 공지사항을 알려주는 알림방 시간이 있는데 그 때마다 꼭 올바른 소리로 포문을 연다.

"팀장님, 어제 야근 시간 4분 초과했습니다. 매일 4분씩 열흘만 초과해도 40분인데, 30분만이라도 야근 수당 인정해주셔야 하지 않나요? 심지어는 10분 넘는 날도 있습니다."

"이번에 변경된 급여 기준에 의하면 근무 시간 이후 교육시간은 시간외 수당이 지급되지 않는데, 원하는 사람만 교육 받을 수는 없나요?"

은영 씨의 말은 알림방 시간 전에 직원들이 웅성거리며 궁금해 하던 내용이었고, 모두가 원했던 질문이기도 하다. 하지만 누구도 쉽게 하지 못하는 말을 은영 씨가 총대를 매고 나선 것이다.

"틀린 얘기는 아니지만…."

팀장의 대답은 매번 비슷하다. 하지만 은영 씨는 눈치도 없이 정확한 대답을 듣지 못하면 한 번 더 제안사항을 얘기하고 결국 약간의 볼멘소리로 알림방을 종료하곤 했다.

은영 씨는 팀에서 언제나 '제·안·사·항'이다. 회사는 고용과 피고용의 관계이기에 엄연히 회사 직원으로서 정당한 대우를 받아야 한다. 규정에 의거하여 시비를 가리고 잘못된 관행은 시정되어야 마땅하다는 것이 신조였다.

은영 씨의 말은 언제나 논리적이고 또한 정당한 요구사항이었다. 대신 자신이 맡은 업무만큼은 확실하다. 누구에게 피해를 끼치지 않았고, 일처리만큼은 확실하다는 평을 듣고 있다.

하지만 팀장은 은영 씨를 좋게 보지 않는다. 동료들 역시 은영 씨의 속 시원한 제안을 필요로 하면서도 가까이 지내지 않는다.

은영 씨는 그 현실을 받아 들이기 어려워 힘겨운 직장 생활을 이어가고 있다.

무엇이 문제일까? 왜 정의의 사도인 은영 씨는 항상 옳은 소리를 하면서 궂은 일을 떠맡아 하고 있는데 주변 사람들로부터 환영을 받지 못하는 것일까?

"직장 내에서 얼마나 원활하게 커뮤니케이션을 하고 있는가?"
은영 씨의 입장에서 어떻게 하면 원활한 커뮤니케이션을 할 수 있는지 살펴보자.

지금도 직장에서 은영 씨처럼 정의의 총대를 멘 사람들이 들어야 할 말이 아닐까? 커뮤니케이션에서 가장 중요한 것은 말이다. 그런데 우리 주변을 보면 같은 말을 해도 상대를 기분 좋게 하는 이가 있는가 하면, 말은 옳은데 괜히 뭔가 무시당한 것 같아서 애를 먹는 경우가 많다. 한번쯤 진지하게 고민해 볼 문제다. 왜 이런 일이 생기는 걸까?

우리 주변에는 은영 씨처럼 논리적인 말로 상대를 이기려는 사람이 많다. 하지만 소통은 논리적인 말에 있는 것이 아니라 감성을 울리는 말에 있다는 것을 알아야 한다. 아무리 옳은 말도 상대의 감성을 울리지 못한다면 오히려 자신에게 독이 될 수 있다.

"저는 건장한 가장이었습니다. 제조업 사장으로 슬하에 예쁜 딸을 둔 한 아이의 아빠이자 남편으로 행복한 삶을 꿈꾸었습니다. 그러던 어느 날, 고속도로에서 3.5톤 트럭이 비틀거리며 운전석 쪽으로 돌진해왔습니다. 저는 1년 6개월을 거의 식물인간처럼 지내다 의식을 찾았고, 지난 4년간 죽기 살기로 재활치료를 받아 걷는데는 성공했습니다만, 본래 얼굴은 찾을 수가 없었고 한쪽 다리를 절룩일 수밖에 없었습니다. 여러분, 제가 지어낸 얘기라고, 돌을 던지셔도 좋습니다. 저는 팔도 다리도 얼굴도 성치 않습니다만 그저 어린 딸에게 따뜻한 밥 한술을 먹여야 하는 한 가정의 가장으로 이 자리에 무릎을 꿇었습니다. 제 얘기를 들어주셔서 감사합니다."

요즘은 지하철에서 구걸하는 이들도 이렇게 스토리를 만들어 감성에 호소하고 있다. 웬만해서는 지갑을 열지 않던 필자도 이런 스토리를 접하면 저절로 지폐를 꺼내곤 한다.

그런데 감성적인 스토리만으로는 부족하다. 지하철에서 구구절절한 스토리를 전단지에 적어 들릴 듯 말 듯 "도와주세요"라던가, 강압적인 어조로 "조금씩만 보태주세요"라고 말하는 사람들을 보면 꺼내려던 지갑도 다시 넣게 된다. 똑같은 목적으로 똑같은 말을 해도 어떻게 표현하느냐에 따라 와 닿는 것이 다르기 때문이다.

상대의 마음을 움직이기 위해서는 논리적인 말보다 감성적인 스토리가 더 효과적이나. 그러나 스토리만으로는 부족하다. 실제로 동일한 말이라도 표현하는 어조에 따라 그 의미가 완전히 달라질 수 있으므로 그 스토리에 맞는 어조와 태도가 따라야 한다.

은영 씨가 더 이상 팀장과 팀원에게 밉상으로 남지 않으려면 얼른 이 사실을 알아 차려야 한다. 논리적인 말로 아무리 정당함을 피력한다 해도 받아들이는 입장에서 불편해하면 불평불만으로 비춰질 수 있다. 감성적인 스토리로 친밀하게 접근하되, 그것을 어떤 태도와 어조로 전달할 것인가도 고민해봐야 할 것이다.

이것은 아무나 할 수 있는 게 아니다. 상대방의 입장을 배려하면서 감성을 자극하는 태도와 어조를 갖추기 위해 노력을 기울여야 한다.

그런데 우리의 은영 씨는 어떠했던가? 논리적인 말에만 매달려 팀장이나 팀원의 입장은 전혀 고려하지 않았다.

"팀장님, 요즘 계속 콜이 밀려서 늦게 끝나네요. 팀장님도 많이 힘드시죠? 연장수당의 일부라도 인정된다면 팀장님도 힘이 나지 않을까요? 저희들이 조금 더 열심히 일할 수 있도록 팀장님이 힘 좀 써주시면 어떨까요? 하하."

감성적인 스토리를 구성하기 위해서는 가급적 상대의 입장을 배려하는 말로 시작한 후 용건을 말하는 것이 효과적이다. 직접적으로 용건부터 제시하면 상대방이 불만을 갖고 따지는 것처럼 느낄 수 있고, 스스로도 논제에만 집중하다보면 본의 아니게 냉철한 말투로 말하게 된다. 말은 듣는 사람이 평가하는 것이므로 내가 생각하는 의도가 고스란히 전달되기를 원한다면 배려하는 이야기와 미소가 담긴 따뜻한 어조로 다가가는 습관을 들여야 한다.

밝은 미소로 인사를 건네는 습관을 들여라

1팀 팀장은 실적이 최상위권이다. 이번 달만 해도 벌써 초기에 영업 목표의 80%를 달성했다. 팀장 덕분에 1팀은 항상 목표를 초과 달성했다.

2팀 팀장은 개인 실적은 월등하지 않지만 팀원들의 분발로 꾸준히 실적이 상승하고 있다. 은영 씨는 1팀에서 일하기 시작했다. 실적이 좋은 팀장 밑에서 일하며 노하우를 습득할 수 있으리라 기대감이 크다.

"은영 씨, 그냥 한 귀로 듣고 한 귀로 흘려. 좀 힘들어도 있다 보면 손해는 나지 않는 부서니까 그냥 무시하면 돼. 눈 밖에 나지 않도록 하고…."

근무 첫날 팀장과 동행근무를 나가려는데 선배가 조언을 한다.

"네? 아, 네. 선배님!"

얼마 지나지 않아 그 말뜻을 알 수 있었다. 팀장은 역시 영업의 달인이다. 팀장이 사용하는 스토리를 메모했다 기회가 생겼을 때 그대로 이용해서 계약을 체결하기도 했다. 그러나 잠시라도 시간이 나면 아무것도 모르는 신입사원에게 팀원에 대한 험담을 늘어놓기 때문에 팀장과 함께 하는 근무는 점점 피하고 싶은 일이 되었다.

"사실 1팀은 내가 먹여 살린다고 해도 과언이 아니잖아. 팀 목표는 내 실적으로 달성해서 인센티브 받는 건데, 다들 고마워 할 줄을 몰라~!!"

"아니, 왜 내 반도 못하냐고? 의지가 없기 때문이야. 실력이 그거밖에 안 되면서 어떻게 회사 생활하려는지…."

"은영 씨, 나한테 잘 보이면 내가 잘 키워줄게."

처음에는 무조건 듣기만 했던 은영 씨는 점점 지쳐서 조심스럽게 팀장에게 자신의 뜻을 밝혔다.

"팀장님, 고객분들 만나는데 동행할 기회를 주셔서 감사합니다. 하지만 이제는 좀 다른 분들의 영업 방법도 배우고 싶습니다."

순간 팀장은 표정 싹 바뀌며 은영 씨를 아래 위로 훑어보고 간단히 말했다.

"그래? 그럼, 그렇게 해!"

하지만 당장 그날부터 일이 터졌다. 팀장은 은영 씨에게 전달해 줘야 할 자료를 다른 사람에게 주고 노골적으로 반감을 드러냈다.

"부정 타게 빨리 문 안 닫아?"

일부러 쾅 소리가 나도록 문을 닫으며 신경질을 부렸다. 워낙 실적이 좋은 팀장이라 본부장도 쩔쩔 매는 상황이니 아무도 그를 말릴 수 없다.

은영 씨는 화가 났다. 너무 분해서 바르르 떨리고 자존심이 상해 똑같이 문을 쾅 닫아 보았지만 그럴수록 자료가 넘어오지 않아 제대로 일을 할 수가 없었다. 너무 속이 상해 복도에서 울고 있는데 2팀 팀장이 다가왔다.

"은영 씨, 무슨 일 있어요? 팀에 적응하느라 힘들죠? 실은 1팀 팀장이 은영 씨 앞에서 문을 닫는 것 보았어요. 그리고 은영 씨가 방금 문을 쾅!! 닫고 나오는 것도 본의 아니게 보았어요."

"그냥 잘못한 게 없는데…, 너무 억울해서요."

"누군가 화살을 맞는다면 대부분의 사람들은 누가 쐈는지, 왜 그랬는지, 그 사람을 잡아서 어떻게 할 것인지를 고민하지. 물론 화살을 맞은 사람의 분노를 이해 못하는 것은 아니지만 그 상황에서 더 중요한 것은 언제 다시 날아올지 모르는 독화살을 피하기 위해 노력하는 것이 최상책이 아닐까? 은영 씨, 힘 내!"

2팀장의 말을 듣고 은영 씨는 퍼뜩 정신이 들었다. 그렇다. 지금 먼저 화살을 쏜 사람은 1팀장이다. 신입인 자신은 1팀장을 상대할 힘이 절대적으로 부족하다. 그런데 언제 날아올지 모르는 화살를 피할 생각은커녕 그에 맞서는 행동을 해왔으니 이제 어쩔 것인가? 이대로 계속 분노하며 저항한다면 언제 날아올지 모르는 화살에 맞을 것이 자명했다. 은영 씨는 얼른 마음을 바꾸기로 했다.

"안녕하세요?"

은영 씨는 다음 날 팀장에게 밝게 웃으며 인사를 했다. 팀장은 곁눈으로 위아래를 훑더니 못 본 척 투명인간 취급을 했다. 은영은 다시 큰소리로 인사를 했다.

"팀장님, 인사했는데 바빠서 못 보셨죠? 하하, 안녕하세요? 좋은 하루 되세요~!!"

팀장은 다시 한 번 훑어 보더니 그대로 무시하며 사라졌다. 어렵게 용기 내었는데, 무시를 당하니 얼굴이 화끈거리기도 했지만, 포기하지 않고 아침마다 쫓아다니며 인사했다. 일주일이 넘어가자 이제는 웃으며 인사하는 일이 일상이 되었다.

보름쯤 지났을까. 은영 씨는 그 날도 여지없이 무시하며 지나가는 팀장을 쪼르르 쫓아가서 "힘차게 시작하세요! 파이팅"하며 씨익 웃었다. 그러자 팀장이 큰 소리로 웃기 시작했다.

"원래 그렇게 잘 웃어?"

1팀장은 그 날부터 은영 씨가 아무리 버릇없는 행동을 해도 웃으며 받아주었고, 닫혔던 마음을 열고 본격적으로 본인만이 알고 있는 영업 노하우도 알려주기 시작했다.

상대의 경험을 중심으로 반응하라

소영 씨는 다시 커피를 들이켰다. 오전에만 벌써 5잔째다. 신사업 기획안 제출 때문에 삼일 밤을 꼬박 새고 오늘 아침도 마지막 검토를 위해 새벽 6시에 출근했다.

도저히 커피를 마시지 않고는 쏟아지는 잠을 추스르기가 어려웠다. 커피를 좋아하는 소영 씨지만 이쯤 되니 커피를 보면 울렁거린다. 배를 쓸어내리는 소영 씨를 보며 박선배가 물었다.

"어디 아파?"

"커피를 많이 마셔서인지 속이 많이 쓰리네요."

"커피 많이 마신다고 집중도가 좋아지는 것은 아냐"

"… (잠시 침묵하다가) 선배, 오죽하면 커피를 5잔째 마시겠어요? 선배니까 얘기하는데, 정말 이번 프로젝트는 죽음이네요. 아이디어 회의만 다섯 번, 기획안 수정해서 가져가면 과장님은 회의 때 나오지 않았던 얘기까지 덧붙여서 다시 하라고 하시고, 지금도 계속 검토 중인데, 정말 힘드네요."

"소영 씨, 지금 신사업 프로젝트는 전에 진행했던 브랜드 런칭에 비하면 아무것도 아냐. 그 때는 밥 먹는 시간 외에는 쉬는 시간도 없이 10시간씩 회의실에 갇혀 있었다니까. 그 자리에서 바로 수정하고 다시 피드백 받고, 다시토의하고, 그 짓을 3일 간격으로 계속했어. 나 그 브랜드 런칭할 때 정말 죽는 줄 알았어!"

"아휴, 정말요? 정말 힘드셨겠네요."

박선배의 이야기를 들은 소영 씨는 정말 힘들었겠다고 생각했지만, 왠지 모르게 속이 더 답답했다.

회사 생활을 하면서 이와 비슷한 경험을 한두 번씩은 겪어보았을 것이다. 속상하고 힘들 때 누군가에게 투정을 부리는 것만으로도 스트레스가 풀리곤 한다. 소영 씨는 박선배의 예전 프로젝트가 얼마나 힘들었는지보다 단지 "많이 힘들겠네, 건강 생각하면서 해." 정도만으로도 충분히 위로가 되었을 것이다.

둘의 대화를 다시 한 번 살펴보자

소영 씨가 "선배니까 얘기하는 건네…."라는 밀은 나름대로 박선배라면 그냥 내 얘기를 들어주고, 자신의 입장과 기분을 이해해줄 거라는 기대감을 담는 표현이다.

박선배도 나름 소영 씨의 얘기를 들으며, 더 힘든 일도 있다는 점을 알려주어 위로하고자 했을 것이다. 결과적으로 소영 씨는 자

누구도 자기가 하는 말이
다 뜻이 있어서 하는 것이 아니다.
그럼에도 자기가 뜻하는 바를
모두 말하는 사람은 거의 없다.
- H.애덤즈

신의 힘든 점을 이해받고 싶었지만 오히려 선배의 입장을 이해해야 하는 상황이 되고 만다.

원활한 소통을 위해서는 크게 네 가지를 살펴야 한다.

첫째는 말을 이루는 문장이다. 이것을 발화라고 한다. 어떤 상황에서 서로 주고받는 말을 뜻한다. 소통을 위해서 어떤 말을 쓰느냐 것은 매우 중요하다. 가급적 상대가 알아들을 수 있는 말을 써야 하고, 자신의 지위와 신분에 맞는 말을 써야 한다.

둘째는 화자의 입장이다. 똑같은 말이라도 누가 하느냐에 따라 뜻이 다르게 들릴 수밖에 없다. 생각해 보라. 세상의 모든 것을 다 가진 왕이 '인생은 무상하다' 라고 하는 말과 당장 한 끼도 먹기 힘들어 굶어 죽어가는 사람이 '인생은 무상하다' 라고 하는 말이 같은 뜻으로 들리겠는가? 원활한 의사소통을 위해서는 말만 잘하려고 할 것이 아니라 과연 지금 내가 하는 말이 상대에게 있는 그대로 뜻을 전달할 수 있을지 점검해 봐야 한다.

셋째는 청자의 입장이다. 한 강의실에서 똑같은 교육을 받아도 수강생의 입장에 따라 받아 들이는 것이 다르다. 원활한 의사소통을 위해서는 말하는 이가 수시로 듣는 이의 반응을 살피며 자신이 전하고자 하는 대로 듣고 있는지 확인할 필요가 있다.

넷째는 화자와 청자가 처한 시간이다. "저녁에 시간 어때?"라는 말은 어느 시간에 했느냐에 따라 저녁에 데이트를 하자는 뜻일 수도 있고 퇴근시간에 일이 밀렸으니 내 일 좀 부탁하자는 뜻일 수도 있다.

다섯째는 화자와 청자가 처한 공간이다. "오늘 정말 예쁜데!"라는 말도 어떤 장소에서 했느냐에 따라 칭찬이 될 수 있고, 성희롱이 될 수 있다.

소통에서 경청이 매우 중요한 이유가 여기에 있다. 화자가 똑같은 말을 써도 받아들이는 사람이 경청하지 않으면 그 뜻을 온전히 알아듣기 힘들기 때문이다.

사람은 누구나 상대방의 이야기를 자신의 경험을 바탕으로 해석하는 경향이 있다. 그러다 보니 자기 식대로 상대의 말뜻을 받아들이기 마련이다. 그래서 오해가 생기고 갈등과 마찰이 생기는 것이다.

그런데 경청을 하면 상대방의 입장이 보인다. 상대의 말보다 먼저 그가 처한 입장을 헤아리게 되니 무슨 말을 하더라도 상대의 입장에서 듣게 된다.

일이 힘들다고 토로하는 동료에게 자신은 그보다 더 힘든 일도 해냈으니 나를 보고 힘을 내라는 말은 자기 잘난 척하는 무용담일 뿐이다.

상대의 말을 들을 때는 먼저 상대방의 경험을 중심으로 경청하고 반응하는 노력을 기울여야 한다. 상대방은 그 일이 '내가 겪은 일만큼이나 힘들었겠구나' 라는 마음으로 얘기를 들어주고 "삼일 밤을 새는 일은 이번이 처음이었겠네?" 등으로 반응해 주는 것이 중요하다.

소영 씨가 박선배를 믿고 고민을 털어 놓는 이유가 어디에 있는

지 한번쯤 되새겨 볼 필요가 있다.

박선배 입장에서 최선의 방법으로 소영 씨를 위로해주었지만 소영 씨의 마음이 답답해진 이유가 어디에 있는지도 한번 더 챙겨봐야 할 부분이다.

뒷담화 언어습관을 버려라!

삼국유사에 실려 있는 신라 48대 경문왕의 귀에 관한 설화는 '임금님 귀는 당나귀 귀'라는 이야기로 널리 알려져 있다.

임금이 된 경문왕은 갑자기 그의 귀가 길어졌다. 아무도 그 사실을 몰랐으나 왕의 머리에 쓰던 복두를 만들던 복두장이는 유일하게 그 사실을 알게 되었다. 복두장이는 평생 그 사실을 말하지 못하다가 죽을 때에 이르러 도림사라는 절의 대나무밭에서 "우리 임금님 귀는 나귀 귀처럼 생겼다."고 소리를 지른다. 그 뒤로 바람이 불면 대밭에서 "우리 임금님 귀는 나귀 귀처럼 생겼다."는 소리가 났다고 한다.

그런데 중요한 것은 이 이야기가 우리나라에만 있다는 것이 아니다.

학자들의 연구에 의하면 이런 이야기는 전 세계적으로 분포하고 있는 것으로 나타난다. 단지 '복두장이'가 '이발사'로, '대나무밭'이 '갈대숲'으로 조금씩 다를 뿐이지, 누군가가 자신만이 알고 있는 비밀을 어떤 식으로든 폭로를 하게 된다는 것이다.

이 이야기가 우리에게 주는 교훈은 무엇인가? 사람은 누구나 자신만이 알고 있는 이야기를 말하고 싶어한다. 그것을 반영이라도 하듯 사람이 모인 자리에서 이뤄지는 대부분의 이야기는 남의 이야기로 채워진다.

오죽하면 직장 내 술자리 주제에 대한 설문조사에서 '상사, 동료, 후배의 뒷담화'가 50%에 이른다는 결과가 발표되었을까?

지금 이 순간에도 직장 근처 술집에서 술을 마시는 사람들 중 절반은 바로 회사 사람들의 뒷담화를 안주로 삼고 있다는 것이다. 더구나 지금은 스마트폰이 발달하면서 뒷담화는 시공간을 초월하고 있다. 시간과 장소를 가리지 않고, 심지어 회의장소에서도 은밀히 뒷담화가 이뤄지고 있다.

물론 뒷담화의 긍정적인 면까지 부정할 수는 없다.

"임금님 귀는 당나귀 귀!"

이렇게라도 표출하지 않으면 답답해서 죽었을지도 모른다. 마찬가지로 직장 내에서 쌓인 문제를 자신의 가슴에 품고만 있다 보면 답답해서 오히려 병이 되거나 직장을 그만 둘 일이 생길지도 모른다.

그래서 현명한 직장 상사는 일부러 부하 직원들이 술자리에서라도 자신에 대한 뒷담화를 풀어주기 위해 회식비용만 내고 일찌감치 자리를 뜬다. 그렇게라도 답답한 가슴을 푸는 것이 업무에 긍정적인 역할을 한다는 것을 잘 알기 때문이다.

'성난 초콜릿'의 저자 조지프 엡스타인은 가십, 즉 뒷담화는 마치 독이 든 초콜릿과 같다고 했다. 누군가에게 치명적일 수 있어 죄책감을 느끼면서도 당장은 달콤하기에 사람들이 모이면 어느새 뒷담화에 가담하게 된다는 것이다.

하지만 냉정하게 생각해 볼 필요가 있다. 우리는 뒷담화를 늘어놓는 사람의 이야기를 십분 이해해 주고, 그렇게 할 수밖에 없는 상황에 동조해 줄 수는 있다. 하지만 그것을 습관처럼 늘어놓는 사람이 있다면 어떤 생각이 드는가?

"아휴, 김대리 때문에 짜증 나. 미나 씨는 내 맘 알지?"

"은영 씨니까 말해주는 거야. 어디 가서 내가 이런 말 했다는 말 하지 마. 알았지?"

앞에서는 얼마든지 맞장구쳐주고 동조해 줄 수 있다. 그런데 막상 그 자리를 벗어나면 기분이 어떠하던가?

조지프 엡스타인의 말처럼 뒷담화 대상을 마주했을 때 괜한 죄책감에 머쓱해지거나, 그 동료가 나 없는 자리에서 내 이야기도 저렇게 막 할 것이라는 불안감에 괜히 꺼려지지 않는가?

결국 뒷담화는 앞에서 동조하는 사람을 만들 수는 있지만, 뒤돌아 서면 잠재적으로 다 나와 벽을 쌓는 사람들만 만든다는 것을 알 수 있다.

또한 뒷담화는 어떻게든지 상대방의 귀에 들어간다. 오죽하면 대나무 숲이 '임금님 귀는 당나귀 귀'를 외친다고 했겠는가? 내 입을 통해 나간 말은 어떻게든지 상대 귀에 들어간다고 봐야 한다.

설사 상대방 귀에 들어가지 않는다 하더라도 나 자신의 행동이

제약을 받을 수밖에 없다. 생각해 보라. 뒷담화를 늘어놓고 다음 날 과연 아무 일 없었던 듯이 상대방을 대할 자신이 얼마나 있던 가?

내가 험담을 늘어 놓은 만큼 상대 앞에 서면 당당하지 못하기 마련인 것이고, 그런 마음과 행동 때문에 더 안 좋은 상황을 만들어 갈 수 있는 것이다.

"낮말은 새가 듣고 밤말은 쥐가 듣는다."

상대방 때문에 너무 힘들어서 어쩔 수 없이 고민을 털어 놓고 해결책을 찾기 위한 것이 아니라면 뒷담화 늘어놓는 언어습관은 반드시 고쳐나가야 한다. 사방에 온통 자신의 적만 만들 뿐이다.

자기변명을 하지 마라

"은영 씨, 보고서 어떻게 했나?"

"제가 어제 몸이 좀 안 좋아서 병원에 다녀오느라…."

"거래처에서 통계자료를 주기로 했는데, 협조를 안 해줘서요. 휴우!!"

누군가가 말을 하면 말끝마다 자기 변명으로 토를 달아서 상대가 더 이상 쓴소리를 하지 못하게 방어막을 치는 사람이 있다. 그런데 아는가? 이런 언어습관은 자신의 발전을 가로막은 가장 큰 장애물이다.

사람들은 누군가에게 조언이나 충고를 하기 좋아한다. 사람은 누구나 자신의 잘못은 보지 못해도 남의 잘못은 쉽게 보기 때문이다. 이에 반해 사람은 누군가에게 조언이나 충고를 들으면 좋아하기보다 감정이 상하는 경우가 많다. 설사 그 조언이나 충고가 자신에게 꼭 필요한 말일지라도 감정이 상해 쉽게 받아 들이기가 힘들다. 특히 자신도 알고 있는 잘못이지만 마음대로 고칠 수가 없어서 괴로운데 누군가가 그 부분을 계속 짚어 주면 오히려 반감이 생기기 시작한다.

"상대가 원하지 않는 충고는 원하지 않는 편지가 우편함에 쌓이는 것과 같다."

오죽하면 러시아인들은 이런 속담까지 만들어 남이 원하지 않는 충고나 조언을 함부로 하지 말라고 했겠는가?

사실 상대가 원하지 않는데 충고나 조언을 하는 사람은 어리석은 사람들이다. 주변에서 이런 사람은 잘난 척하는 사람으로 인식되어서 많은 사람들이 기피하거나 싫어하는 경우가 많다.

이와 반대로 사회적으로 성공한 이들은 상대에게 조언이나 충고를 함부로 하지 않는다. 이들은 상대가 받아 들일 자세가 되어 있지 않으면 그 어떤 조언이나 충고도 받아 들이지 않는다는 것을 잘 알고 있다. 따라서 이들이 누군가에게 조언이나 충고를 할 때는 정말 그 사람을 사랑하고 아끼는 마음이 있기 때문이다.

생각해 보라. 누군가에게 진심으로 충고나 조언을 하려고 하는데 상대가 '그건 내 잘못이 아니라 어쩔 수 없었다' 라는 식으로 변명을 한다면 더 이상 무슨 말을 하겠는가?

회사에서는 상사가 부하에게 어쩔 수 없이 충고나 조언을 해야 할 때가 있다. 상사는 일에 대한 책임을 져야 하기 때문에 부하가 묻지 않는다고 마냥 지켜볼 수만 없다.

또한 상사 입장에서는 굳이 부하의 눈치를 볼 필요가 없다. 몇 마디 하다가 듣지 않으면 그냥 인사고과에 반영하거나 무능하다는 이유로 불이익을 줘버리면 그만이다.

따라서 회사나 조직생활을 할 때는 변명하는 말투를 버려야 한다. 설사 상사가 변명을 들어준 것처럼 행동을 취한다 하더라도 그것이 결코 자신에게 유리한 상황이 아니라는 것을 알아야 한다. 상사는 괜히 문제를 일으킬까 봐 변명을 들어준 것처럼 할 수는 있어도 결코 업무능력까지 인정해주지는 않는다.

변명은 자신의 무능을 스스로 감추는 것 같지만 실상은 더더욱 드러내는 행동일 뿐이다.

"은영 씨, 어제 처리하라고 한 일 어떻게 했나?"

"어제 밀린 일이 많아서 그 일을 하다 보니 어쩌고 저쩌고…,"

"그래서 했다는 거야, 못했다는 거야?"

"예, 하려고 했는데 밀린 일을 처리하다 보니…."

은영 씨가 계속 이렇게 말한다면 상사의 기분은 어떨까? 상사는 전체 일을 관리하는 입장에서 지시를 내렸는데, 끝내 일처리에 대한 대답을 하지 않고 변명으로 일관한다면 자신을 무시한다고 생각하지 않겠는가?

물론 은영 씨 입장에서는 억울할 수 있다. 자신이 해야 할 일이 밀려 있어서 새로운 일을 할 시간이 부족했을 수도 있다.

"저는 지금 일이 밀려서 그 일을 할 시간이 없습니다."

그렇다고 상사 앞에서 바로 이렇게 말했다면 어땠을까? 결국 자신의 일 때문에 조직의 일을 하지 못하겠다는 말이 아닌가? 결국 앞에서 바로 자신의 입장을 이야기하지 못한 것은 이미 상사가 지시한 일이 우선 순위라는 것을 인정한 것이 아니던가? 그랬다면 이유불문하고 그 일부터 처리해야 하지 않았을까?

"어제 밀린 일이 많아서 그 일을 하다 보니까…."

"그래서 못했다는 이야기지? 알았어. 그럼 다른 사람한테 시키지. 소대리, 이 일 좀 빨리 처리 해!"

만약에 이런 상황에 벌어진다면 어떻게 하겠는가? 이런 일은 회사나 조직에서 수없이 벌어지는 일이다. 자기 변명을 하다가 자신에게 주어진 일을 처리하지 못하고, 그 일이 다른 동료에게 간다면 과연 그것은 누구의 잘못이라 할 것인가?

"예"라고 긍정적인 답을 하도록 질문하라

"커피 드실래요?"

"커피 드시지 않을래요?"

누군가에게 커피를 권할 때 여러분은 어떤 말을 주로 사용하는가? 일상에서는 그 말이 그 말 같지만 이 중에 어떤 말을 사용하느냐에 따라 그 사람의 인생이 결정된다고 볼 수 있다. 매우 중요한 말이다.

"커피 드시지 않을래요?"

"예."

이 대답은 커피를 마시겠다는 것인가? 안 마시겠다는 것인가? 물론 우리말은 영어에 다르게 부정질문에 대한 대답으로 "예."라고 마시겠다는 뜻으로 통할 수 있기에 괜찮다고 할지 모르지만, 어쨌든 이런 식으로 묻는 것은 이중으로 사고과정을 거쳐야 상대방의 의중을 알 수 있다. 질문을 던져 놓고 상대가 커피를 마시겠다는 건지, 안 마시겠다는 건지 눈치를 살펴야 한다.

"커피 드실래요?"

"예."

이 상황은 어떤가? "예"라는 대답은 곧 내 말에 대한 긍정적인 답이기에 더 이상 따질 것이 없다.

사람은 부탁을 받으면 "아니오."라는 말보다 "예."라는 말을 하고 싶어 하는 심리가 작용한다.

생각해 보라. 여러분은 누군가의 부탁을 받았을 때 "아니오.", "예." 중에 어떤 답을 더 하고 싶은가?

인간은 사회적 동물이기 때문에 누군가의 부탁을 받았을 때 "아니오."라는 대답을 하기가 힘들다. 설사 어쩔 수 없이 "아니오."

라는 대답을 했더라도 오랫동안 마음이 불편해 질 수밖에 없다. 이에 반해 "예."라고 대답을 한다면 마음이 편할 뿐만 아니라 기분도 좋아진다.

그래서 사람은 누군가의 부탁을 받았을 때 무의식으로라도 "예."라고 대답하고 싶어하기 마련이다.

그런데 우리 주변에는 잘못된 입버릇으로 상대가 "예."라는 대답을 하면 그것이 곧 부정적인 대답이 되도록 말하는 사람이 많다.

"고객님, 오늘은 너무 혼잡해서 그런데 안쪽으로 좀더 들어가면 안 될까요?"

"예."

"고객님, 오늘은 너무 혼잡해서 그런데 안쪽으로 좀더 들어가주셨으면 좋겠습니다."

"예."

상대에게 똑같은 요청을 하더라도 "예."라는 말이 긍정적인 답이 되는 말이 있고, 부정적인 답이 되는 것이 있다. 그 답을 누가 유도했다고 생각하는가?

못다한 언어습관 이야기

소통을 위해서는 여러 가지 중요한 요인이 있지만, 그 중에서도 언어는 자신의 뜻을 좀 더 정확하게 표현하는 무기이다. 미리 정비한 진검은 전장에서 빛을 발하지만, 갈고 닦지 않은 채로 무뎌진 검은 중요한 순간에 치명적 결과를 낳을 수 있다.

지난 8년간 수많은 고객서비스 현장에서 접점 직원의 말 한마디로 고객의 마음을 사로잡거나, 더 큰 불만으로 이어지는 사례들을 보아왔다. 고객의 마음을 사로잡는 직원들은 평판도 좋았다. 지속적으로 교육을 받은 탓이겠지만, 반복적으로 언어습관을 체크하고, 고치려고 노력한 결과였다.

어디 고객뿐이랴. 직장 내 언어습관은 당사자의 인격을 형성하기도 한다. 고객은 어쩌면 다시 마주치지 않을 수 있지만, 같은 부서 내 팀원과 상사는 하루 중 가장 많은 시간을 함께 해야 하는 사람들이다.

강의 중 이런 질문을 받은 적이 있다.

"직장상사에게 마음이 움직이지 않는데 그 사람의 입장에서 말을 해야 하나요?"

"많이 힘드시겠지만, 노력해주셔야 합니다."

필자는 이렇게 답했다. 소통의 궁극적인 목적은 상대와 내가 서로 기뻐하는 결과를 만드는데 있다. 마음이 움직이지 않아도 먼저 다가가고, 먼저 인사하고, 상대방이 좋아하는 것을 기억하고 말해주는 것, 처음에는 힘들더라도 시간이 갈수록 관계가 회복되면, 결국 올바른 소통으로 웃고 있는 사람은 자신일 것이다.

　필자도 사회초년생일 때 언어습관으로 시행착오를 많이 겪었다. 논리적이고 똑 부러진 말을 좋아했고, 맘에 없는 상사, 내게 상처를 준 동료에게는 먼저 다가가지도, 따뜻한 말을 전하지도 않았다. 그러다 보니 직장생활 초창기에 직장 상사, 동료와 부딪히는 잘못을 많이 저질렀다.

　따지고 보면 소통의 올바른 방법을 배울 기회가 없었다. 옳은 말만 잘 하면 잘 통할 줄 알았고, 그것이 전부인양 여겼기 때문이다.

　하지만 점차 경력을 쌓다 보니 세상에는 논리적인 말보다 더 중요한 것이 있다는 것을 알았다. 마치 맛조개를 캐기 위해서 살살 달래야 하듯이 사람과 소통하기 위해서도 '살살 달래주기 기법'이 필요하다는 것을 알게 된 것이다.

　필자가 강의를 하며 만난 성공한 사람들은 언어습관을 각자의 방식으로 실천하고 있었다. 화인서비스 아카데미의 김미경 원장님은 항상 미소로 상대방의 입장을 먼저 배려해주셨다. 구청에 모니터링 자료를 마감에 맞춰 보내줬어야 하는데, 아직 어린 아들이 녹취파일을 모두 삭제했을 때에 정말 난감하고 이렇게 말해야 할지 한참 망설였는데, "아기가 어리니 그럴 수 있죠. 많이 놀라셨겠어요. 선생님, 그럼 내일까지 다시 가능하시겠어요?"라고 배려해주는 말에 정말 최선을 다해 원장님과 함께 일해야겠다는 생각이 들었다.

ABC-MART의 이기호 대표님은 말수는 적지만 한 마디에 힘을 담는 분이다. 서비스 프로젝트를 진행하며 기기 오작동으로 프리젠테이션이 미흡한 적이 있었는데 실수를 책망하기보다 아이디어와 기획력을 믿어주셨다. 그저 "잘 부탁합니다."라는 한마디였지만 필자는 밤을 새워 프로젝트를 수행했다.

진심 어린 인정의 말은 짧은 단 한마디만으로도 의미 이상으로 상대에게 전달되며, 그 기대를 부응하고 싶어하는 상대방을 성장시킨다. 그렇다. 뛰어난 언변가가 되지 않아도 좋다.

진심이 담기지 않은 듣기 좋은 말은 상사에게는 아첨으로, 동료에게는 가벼운 사람으로 느껴질 것이다. "말을 잘 한다는 것"은 진심 어린 마음을 따뜻한 말투로, 긍정적 언어로 전달하는 것이다. 누구나 알고 있지만, 정작 본인의 언어습관을 인식하지 못한다면 절대 실행할 수 없다.

여기에서 다뤄 본 언어습관은 극히 일부분에 불과하다. 중요한 것은 소통에서 논리적인 말보다 더 중요한 것 중에 언어습관이 있다는 것을 인식하는 것이다. 아무리 옳은 말을 하더라도 무의식 중에 자기 식대로 말을 한다면 그것은 결코 좋은 말이 아닐 수 있다는 것을 분명히 인식해야 한다.

언어습관을 파악하기 위해 타인과의 통화내용을 녹음하고 다시 들어보거나 감성적 표현을 위해 동화책을 소리내어 읽어보는 것도 좋은 방법이 될 것이다. 부디 여러분에게 주어진 무기를 수시로 정비하여 빛나는 직장 생활에 날개를 달 수 있기를 바란다.

"관심을 갖는 것부터가 나를 바꾸는 행보의 시작이다. 신입사원으로서 새로운 출발을 앞둔 이는 직업에 맞는 이미지 형성을 위해, 현재 직장인이라면 자신의 위치에 맞는 이미지를 갖추기 위해 신경을 써야 한다."

거울을 보라

한효임

'절' 좋아하세요?

취업준비생 박 모(24.여)씨는 지난해부터 100여 곳의 기업 공채 문을 두드려 왔다. 하지만 면접은 언감생심. 1차 서류전형 한 번 통과하기도 어려웠다. 박 씨는 흔히 말하는 '스펙'이 문제인가 싶어 토익 점수도 올리고 자기소개서도 열심히 수정·보완했다. 그러나 서류전형 탈락은 계속됐다. 지난해 11월 그는 "입사지원서 증명사진이 문제일지 모른다"는 친구의 지적에 따라 서울 강남의 한 '취업전문사진관'에서 여러 버전의 증명사진을 찍었다. 사진관에선 지원 기업에 맞춰 세밀하게 사진을 수정해주었다. 그랬더니 서류 합격률이 3~4배 훌쩍 뛰었다. 박 씨는 결국 한 대기업에 합격했다.

— 중앙일보, 2014년 7월 30일

기업 인사담당자 10명중 9명(93%)이 "입사지원서 사진이 당락에 직접적인 영향을 준다"고 여긴다고 한다. 자칫 외모지상주의라고 비판할 수 있지만, 어쨌든 현실은 냉정하다. 세계적으로 유명세를 떨치고 있다는 우리나라 성형 기술에 대해 마냥 색안경을 끼고 볼 수 없는 상황이다. 현실이 그렇다면 현실에 맞춰 살아야 한다.

그렇다고 모든 이들에게 성형수술을 권할 수는 없다. 비용도 비용이지만 간혹 성형 수술의 사고라도 나면 귀중한 생명을 잃을 수도 있다. 더구나 요즘은 조각형 외모보다 개성적인 외모가 더 인기를 끄는 경우가 많다. 그러니 굳이 남과 똑같은 모습으로 만들 필요는 없다.

문제는 외모와 조화를 이루는 이미지다. 있는 그대로의 모습 속에 자신을 더욱 개성있게 꾸미는 것이 더 효과적일 수 있다.

"혹시 '절' 좋아하시나요?"

우스갯소리지만 외모에 신경 쓰지 않는 이에게 이렇게 묻는 소리를 들었다. 절에 가면 모든 분들의 모습이 비슷하다. 그들은 특별히 외모에 신경 쓸 필요가 없다. 세상의 욕망을 내려놓고 수행 정진하는데 오히려 외모는 방해가 될 뿐이다. 그래서 머리도 박박 밀고 옷도 회색으로 통일하지 않았던가? 그러니 외모에 신경 쓰지 않으려면 차라리 모든 욕심을 내려놓고 절에 가라는 말이다.

그런데 이 말은 사실 절에서 수행하시는 분들을 모르고 하는 말이다. 그 분들은 수시로 자신의 모습을 들여다보는 마음의 거울을 갖고 있다. 따라서 남들처럼 특별히 신경을 쓰지 않을 뿐이지 그 분들만큼 자신을 살피며 외모를 가꾸는 이들도 없다. 그 분들은 수행을 위해 2주일에 한 번꼴로 머리를 깎으며 거울 앞에서 자신의 모습을 가꾸고 있다.

"혹시 '절' 좋아하시나요?"

그러니 엄밀한 의미에서 이 말은 틀린 말이다. 하지만 외모에 신경쓰지 않는 이에게 신경 좀 쓰며 살라는 의미로 하는 말이라면 이보다 더 정확한 말도 없을 것이다. 적어도 외모에 신경쓰지 않으려면 내면이라도 신경을 써야 하지 않는가?

우리는 모든 욕심을 내려놓을 수가 없다. 개인이나 기업에서 원하는 것을 이루고자 끊임없이 계획을 세워야 하고, 그것을 이루기 위해 남들보다 더 좋은 이미지를 가지려 노력해야 한다.

입사 면접관이 지원서에 붙어 있는 사진에 후한 점수를 주는 것은 사회적인 분위기가 반영된 결과다. 적어도 외모를 중요하게 여기는 사회에서 특별히 외모가 뒤처지는 이들은 회사에서 일을 할 때도 그만큼 뭔가 부족한 것이 있을 것이란 판단을 할 수밖에 없지 않겠는가?

우리는 지금 외모 지상주의에 살고 있다. 물론 부정적인 면이 없는 것은 아니지만, 개인적으로 성공하기 위해서는 시대의 뒤처지지 않도록 노력해야 한다. 지금 이 순간에도 남들보다 앞서 가는 개인 및 기업은 광고와 마케팅 등 이미지에 승부를 걸고 있다.

물론 수행자를 목표로 삼고, 성직자가 될 꿈을 꾼다면 외모에 크게 신경을 쓰지 않아도 크게 어려움은 없을 수 있다. 그러나 개인 일터나 직장에서 고객을 상대로 경제활동을 하려면 이미지가 중요하다는 것을 명심해야 한다. 아무리 열심히 해도 겉으로 보이는 이미지가 뒤처진다면 그것은 경쟁력을 잃고 파산하기만 기다리는 것과 같다.

　다행인 것은 이미지는 외모나 용모만이 아니라는 것이다. 외모
와 용모가 이미지의 전부라면 어떻게든지 돈을 들여서라도 성형
수술을 하거나 비싼 옷이나 액세서리로 치장을 하는 것이 훨씬 효
과적일 수 있다. 그러나 우리 주변을 보면 아무리 비싼 돈을 들여
성형수술을 했어도 이미지는 왠지 비호감인 사람이 있고, 아무리
비싼 옷이나 악세사리로 치장을 했더라도 천박해 보이는 사람들
이 많다. 지금 당장 성형 수술을 하거나 명품으로 치장할 경제력
을 갖추지 못한 이들에게 이것은 정말 큰 위안거리다.
　이미지는 외모와 용모 외에도 행동, 말투, 습관, 인간 관계 등
총체적인 것으로 이뤄져 있다. 이 장에서 다루는 외모에 대한 부
분은 후자에 대한 것들이 충족된 상태에서 더욱 신경 써야 할 것
들이다.

거울부터 들여다보자

　우리가 출근을 하기 전, 꼭 하는 것 중 하나가 거울을 보는 것일
게다. 직장인이라면 출근하기 위해 집을 나가기 전까지 거울을 보
는 것이 기본이다. 적어도 양치질하면서라도 욕실에 걸려 있는 거
울이라도 보지 않던가?
　"전 어떤 이미지인가요?"

"어떻게 꾸며야 하나요?"

"어떤 옷을 입어야 어울릴까요?"

이미지 컨설턴트로 일을 하면서 가장 많이 받는 질문이다. 이렇게 묻는 이들 중에는 대답을 듣기도 전에 스스로 자기 변명 내지 합리화를 시키는 발언을 하는 경우가 많다.

"제가요, 관심은 많은 데 꾸밀 줄을 몰라서요. 백화점이나 옷가게를 가도 너무 많은 옷들 사이에서 뭘 골라야 될지 모르겠어요."

"사람들에게 좋은 인상을 주고 싶은데, 구체적인 방법을 모르겠어요."

"사실, 아무리 겉만 번드르르하게 꾸미기만 하면 뭘 해요. 속이 중요하지…."

어떨 때는 난감할 때가 많다. 이미 질문을 해놓고 자신이 듣고 싶은 말만 들으려고 방어막을 치는 이들에게 무슨 말을 해야 한단 말인가?

그때는 할 수 있는 말이 원론적일 수밖에 없다. 어떤 답을 들려주더라도 그들은 이미 자신이 듣고 싶은 말만 들으려 하기 때문이다.

"나를 가꾸는 가장 좋은 방법은 거울을 들여다보는 거예요. 내가 보기 싫은 것이 보이면 그 부분을 더욱 사랑스럽게 보는 연습을 해주세요."

사실 거울을 들여다보는 것은 쉬운 일 같지만 결코 쉬운 일이 아니다. 그래서 1분만이라도 거울을 보면 괴롭다고 하는 이들도 있다. 자신의 모습을 있는 그대로 보지 못하고, 자신이 가장 보기 싫은 부분이 더 잘 보이기 때문이다.

하지만 어쩔 것인가? 내가 봐주기 힘든 내 부분을 남들은 매일 봐야 하는 것을. 따라서 타인과의 원활한 소통을 위해서, 이미지 개선을 위해서, 좋은 인상을 남기기 위해서 외모를 가꾸고 관리하고 싶다면 우선 가장 먼저 거울을 통해 자신과 소통을 해야 한다.

작은 거울은 피부상태나 이목구비 등의 특징을 자세히 봐야 내게 맞는 화장품과 피부 관리법을 알아낼 수 있다. 이왕이면 상반신 정도는 비춰주는 거울을 구비하는 것이 좋다.

상반신이 보이는 거울 앞에 한 발자국 떨어져 들여다보면 자신의 헤어스타일과 머릿결의 특징, 얼굴형과 목의 두께나 길이 정도도 한 눈에 보인다.

그 앞에 서서 막 감은 머리를 올백으로 넘기거나 묶어서 거울을 들여다보며 펜으로 얼굴형을 따라 선을 그려 보면 내 얼굴형을 알 수 있다. 얼굴형을 알면 그에 맞는 헤어스타일을 알 수 있고, 가장 알맞은 눈썹형태를 정할 수 있으며, 내 얼굴의 장단점을 고스란히 객관적으로 파악해서 장점을 살려 나갈 수 있다. 귀걸이와 목걸이 형태도 내 얼굴형에 맞는 것을 고를 수 있다.

상반신 거울은 자신에게 어울리는 컬러를 셀프로 진단을 할 때도 필요하다. 자신에게 어울리는 상의에 맞게 조화를 이루는 스카프와 넥타이의 컬러와 문양 및 네크라인 등을 알아낼 수 있나.

가장 좋은 것은 머리부터 발끝까지 볼 수 있는 전신거울이다. 집에서 가장 간단한 옷을 걸치고 전신거울을 들여다보면서 자신의 상·하 바디 비율과 체형의 특징 등을 파악하면, 그에 알맞은 의

상과 옷감의 질감, 문양의 선택, 나아가 가방의 크기나 신발의 형태까지 조화를 이루는 것을 고르는 기초정보로 활용할 수 있다.

전신거울을 들여다 볼 때는 가능하면 2~3 발자국 뒤로 물러나서 바라보는 게 좋다. 최종적으로 외출준비를 끝냈을 때나 새로 쇼핑한 옷이나 소품, 액세서리를 갖췄을 때도 전신거울로 자신의 모습을 점검하는 게 좋다. 전체적인 조화로움을 객관적으로 바라보려면 거울과 나 사이는 1m이상은 떨어져 바라보는 것이 좋다.

참고로 옷가게나 백화점의 거울은 실제보다 더 날씬하고 가늘어 보일 수 있다. 이왕이면 있는 모습 그대로를 비춰주는 것을 권한다.

거울을 들여다보면 자신의 단점 못지 않게 장점이 보일 수 있다. 그때는 그 장점을 부각시켜 시선을 끄는 전략을 세우는 게 좋다. 얼굴형이나 체형, 바디 비율에서 누구나 결점은 있다. 사람들이 그 부분에 시선을 끄는 것을 최소화하려면 오히려 강점을 부각하는 게 더 낫다.

이미지 소통을 위한 첫걸음으로 거울부터 들여다보자.

좋은 인상을 심어주기 위해 기본을 챙기자

처음 만나는 대학생들 124명을 대상으로 5명씩 그룹을 만들어 첫 만남에서 서로의 인상을 측정했다. 그리고 하루에 20분씩 자유토론을 시켰다. 이들은 7주 동안 지속적으로 만나면서 토론을 진행하였다. 마지막 날 이들을 대상으로 다시 한 번 서로의 인상을 측정했다. 결과는 놀라웠다. 처음에 측정했던 상대방의 인상이 7주가 지나도 거의 바뀌지 않았던 것이다.

　7주 동안 서로 친하게 지내는 사람도 생겼을 것이고, 서로 맞지 않는 구성원도 만났을 것이다. 그럼에도 불구하고 사람들은 자기가 느낀 첫인상을 끝까지 유지하고 있었던 것이다. 첫 인상이 안 좋았다면 그것을 회복하기란 매우 어렵다는 것을 증명한 실험이었다.

　캐나다 브리티시 콜롬비아대학 심리학자 델로이 폴러스 박사는 이 실험을 통해 '첫 인상은 좀처럼 변하지 않는 성질의 것'이라는 학설을 주장하였다. 일명 '첫인상의 콘크리트 법칙'이다. 한 번 각인된 첫인상은 콘크리트처럼 부서지기 어렵다는 이론이다.

　우리는 이미 누군가에게 첫인상으로 평가를 받고 있다. 따라서 지금보다 나은 삶을 살고자 한다면 무엇보다 먼저 첫인상을 어떻게 심어 주었는지 살펴볼 일이다. 첫인상이 부정적으로 새겨졌다면 먼저 그 원인부터 찾아 새롭게 바꿔 나가는 노력을 기울여야 한다.

　첫인상에서 가장 중요한 것이 무엇이겠는가? 그것은 바로 겉으로 드러나는 이미지다. 사람들은 누군가를 만날 때 제일 먼저 그 사람의 용모, 옷차림, 행동, 말투, 습관적 몸짓 등을 접하게 된다. 따라서 누군가에게 좋은 인상을 심어 주고 싶으면 제일 먼저 신경 써야 할 것이 바로 용모와 옷차림이다. 그런데 우리 주변에는 의

외로 용모와 옷차림에 신경을 쓰지 않는 사람들이 많다.

"나 편한 대로 살면 됐지 일일이 남 신경 쓰며 어떻게 살아?"

여러분은 이런 사람을 어떻게 생각하는가? 집에서 혼자 살 거라면 얼마든지 편한 대로 살아도 좋다. 하지만 사람들 속에서 누군가에게 인정을 받고자 한다면 끊임없이 좋은 인상을 심어 주려고 노력을 해야 한다.

직장인이라면 좋은 인상으로 신뢰감을 심어주는 이미지를 갖기 위해 노력해야 한다. 굳이 비싼 옷, 고급 향수가 아니어도 좋다. 지금 자신의 이미지가 자신이 하고 있는 일과 얼마나 잘 어울리는지 점검해 봐야 한다.

남성의 경우 아무리 비싼 옷을 입더라도 덥수룩한 수염에 헝클어진 헤어스타일로 일터에 들어선다면 어떨지 상상해보자. 물론 개성을 강조하는 직종이라서 튀려는 의도로 일부러 선택한 것이라면 몰라도, 그런 직종이 아니라면 심각하게 생각해 봐야 한다. 더구나 더운 날씨라면 땀도 많이 나는데 향기롭지 않은 체취까지 풍긴다면 비싼 돈을 들여 마련한 옷이 제 빛을 발휘하지 못할 것은 자명하다.

여성의 경우도 마찬가지다. 일반적으로 여성들이 남성들에 비해 용모 가꾸기에 관심도 더 많고 관련 상품 소비에도 더 적극적인 편이지만, 가끔 심한 양극의 현상을 목격할 때가 많다.

"오늘은 내추럴 컨셉이에요!"

젖은 머리를 한 채 출근을 하거나 민낯을 자랑하며 이렇게 말하는 사람을 볼 때 무슨 생각이 들던가?

"오늘은 불타는 금요일이므로 섹시 컨셉입니다."

외모에 너무 자신이 넘쳐서일까, 진한 화장은 기본이고 노출이 심한 옷차림으로 출근하며 이렇게 말하는 사람을 볼 때는, 아무리 유능한 능력을 가진 여성이라도 좋은 인상을 심어주긴 쉽지 않을 것이다.

좋은 인상을 심어 주기 위한 이미지를 위해서 3가지로 분류해서 챙겨보자.

국제 이미지 컨설턴트 협회(AICI)는 이미지 컨설팅분야를 A,B,C 세 분야로 분류 정의하고 있다.

A는 어피어런스(appearance)로 용모를 뜻한다. 헤어, 메이크업, 스타일, 옷차림, 컬러, 액세서리, 유니폼 등을 말한다. 직장인의 용모는 청결함과 단정함을 컨셉으로 정하는 게 가장 좋다. 남성은 짧은 머리에 면도를 하고 복장은 비즈니스 수트가 좋다. 여성은 단정하면서도 조화를 이뤄야 한다. 헤어스타일도 길다면 단정히 묶는 것이 좋다. 화장도 직업에 어울리는 색조로 너무 짙은 메이크업은 피하는 게 좋다. 가급적 심하게 짧은 스커트나 너무 딱 달라붙는 스키니진은 자제할 것을 권한다.

B는 비해이버(behavior)로 마인드, 라이프 스타일, 매너와 에티켓, 자세와 태도 등을 말한다. 뛰어난 외모를 지닌 사람이 아님에도 인기가 많은 사람이 있다. 바로 B에 강한 사람이다. 타인을 배려하는 매너남이나 에티켓을 갖춘 여성을 만나면 기분이 좋아지는 것은 인지상정이다.

C는 커뮤니케이션(communication)으로 다양한 소통방식을 의미한다. 바디랭귀지, 관계 형성 및 갈등 해소, 음성 이미지, 파워포인트 등을 말한다. 우리는 깨어 있는 시간의 70%를 커뮤니케이션에 노출되어 있다. 개성과 성격이 다른 타인과 관계 형성을 할 때 언어와 바디랭귀지를 포함한 비언어적 방법이 중요하게 작용한다. 경청이 중요하고, 말할 때도 상황에 맞게 하는 것이 필요하다.

이미지 컨설팅의 ABC

Appearance : 용모, 헤어, 메이크업, 스타일, 옷차림,
　　　　　　　컬러, 액세서리, 유니폼 등.
Behavior : 마인드, 라이프 스타일, 매너와 에티켓,
　　　　　　자세와 태도 등.
Communication : 바디랭귀지, 관계 형성 및 갈등 해소,
　　　　　　　　음성 이미지, 파워포인트 등.

패션은 몰라도 컬러를 알면 중간 이상은 간다

사람들은 사물이나 사람을 볼 때 시각을 70%나 사용하고 있으며, 그 중에서도 사람의 시야에 가장 먼저 들어오는 건 컬러다.

"어머, 오늘 강사님이 강의하시는 거예요? 지난 번에도 들었는데 여기서 또 뵙네요! 반갑습니다!"

여러 고객을 만나다 보니 때론 필자가 못 알아보는 경우가 있다. 강의를 시작할 때 이런 고객을 만나면 긴장되는 것이 사실이다. 지난 번과 똑같은 강의를 했다가는 지루해 할 수 있기 때문이다. 그래서 이럴 때는 얼른 이 분에게 맞는 강의를 하기 위해 먼저 질문을 할 필요가 있다.

"아예, 잘 지내셨나요? 반갑습니다! 혹시 지난 번, 강의 중 가장 기억에 남는 게 무엇인지요?"

"죄송하게도 일일이 기억에 나지는 않지만, 강사님이 입었던 옷 컬러는 생생하게 기억이 나요. 그 옷이 강사님에게 잘 어울리는 컬러라면서 강의를 시작하셨어요."

아하, 그렇다면 그 날은 분명 컬러 이미지에 대한 강의였을 것이다. 퍼스널 컬러를 설명하며 필자를 예시로 들었을 것이다. 고객은 그 강의를 들은 이후부터는 쇼핑할 때 자신에게 어울리는 컬러를 고르려고 신중을 기한다고 했고, 그렇게 구입한 옷을 입었을 때 주위사람들이 오늘 따라 예뻐 보인다는 말을 많이 했다며 기뻐했다.

30대 직장여성 송이 씨는 중소기업 기획업무팀 대리이다. 매일 아침 출근할 때마다 어제와 다른 옷을 고르느라 옷장 속을 뒤지는데 한참이 걸린다.

"입고 나갈 옷이 하나도 없네! 그나마 이 옷을 입을까? 이런, 들고 나갈 백도 없네!"

"와, 어쩜 이 옷에 어울리는 구두 한 켤레가 없냐? 아우, 증말!"

과연 송이 씨는 옷과 백과 구두가 없는 걸까? 10년 이상을 직장을 다녀서 정장도 계절별로 여러 벌 있고, 블라우스며 스커트, 각종 소품과 액세서리 등 장롱 두 개는 채울 만큼 갖추어져 있다.

그런데 송이 씨는 거의 매일 비슷한 옷을 입었고, 백도 늘 하나만 들고 다녔다. 오랜 시간 직장생활을 하며 경제활동을 하며 패션지출을 한 것 치고는 스타일이 좋다고 얘기하기는 힘들다. 무엇이 문제일까? 송이 씨는 블랙컬러만 좋아했다. 그러다 보니 아무리 새 옷을 입어도 이미지는 거의 비슷했던 것이다.

자신에게 어울리는 스타일을 찾으려면 자신에 대해서 잘 알아야 한다. 자신의 체형과 피부색을 알아야 어울리는 컬러와 코디네이션 방법이 나온다. 물론 좋아하는 것과 어울리는 것은 다를 수 있다. 이럴 때는 얼굴과 가까운 곳일수록 어울리는 컬러와 형태를 고르고, 좋아하는 컬러와 디자인은 하의나 소품으로 대체하는 것이 좋다.

자신이 지닌 고유한 이미지를 알면 자신에게 어울리는 것을 찾기가 쉽고 그러면 지나치게 유행에 민감해지지 않을 수 있다. 아울러 쇼핑할 때 자신의 지갑을 단속하기도 쉽다. 자신에게 필요한 것인지 아닌지 정확히 알수록 덥석 물건을 집어 들 확률이 낮아지기 때문이다.

집에서 자신에게 어울리는 컬러를 간단히 진단하는 방법을 소개한다. 사람마다 타고난 고유의 피부색, 머리카락 색, 눈동자 색이 있다. 이를 퍼스널 컬러라고 한다.

자신에게 어울리지 않는 컬러의 옷이나 액세서리, 스카프, 넥타이 등을 착용하면 피부색이 어둡고 안색이 칙칙해 보인다. 얼굴의 잡티나 주름 등 단점이 도드라져 보이고 나이도 더 들어 보이거나 얼굴선도 커 보인다. 때론 피곤해 보이기도 한다.

반대로 자신에게 어울리는 컬러를 잘 사용하면 눈동자도 더욱 선명해보이고 피부색도 더 젊고 생기 있어 보인다. 동안으로 보이며 더 예쁘고 잘 생겨 보인다. 컬러의 파워는 강력하다.

퍼스널 컬러를 찾는 방법은 여러 가지가 있다. 그 중 4단계로 각 유형별 어울리는 색을 찾는 방법을 소개해 본다.

1. 측정에 필요한 도구

① 퍼스널 컬러 진단용 천 / 흰색, 회색, 검정색의 무채색 천 / 단계별 컬러 원단(컬러 원단이 일반적으로 없을 경우가 많으니 이럴 때에는 자신이 보유하고 있는 옷이나 스카프, 넥타이 등을 색깔별

과 흰색, 회색, 검정색 옷이나 천을 준비해서 활용)

② 상반신을 한 번에 비춰지는 거울

③ 흰색 수건이나 흰색 터번

④ 상의는 흰색 가운이나 흰색 티셔츠

2. 주의사항

① 화장을 하지 않은 민낯에 작은 액세서리도 하지 않은 상태로
측정한다.

② 염색했을 때는 흰색 수건이나 터번으로 머리카락을 가린다.

③ 선탠 등으로 피부색이 변했을 경우엔 진단에 오류가 있을 수
있다.

④ 빛은 자연광이 들어오는 실내에서 일출과 일몰시간을 제외한
시간에 측정한다.

⑤ 혼자보다는 가족이나 지인들과 비교하며 진단하면 좀 더 객관
적이고 측정이 쉽게 느껴진다.

제1단계 온도 측정

따뜻한 색 유형과 차가운 색 유형 진단하기. 같은 색이라도 작은
차이로 우리가 느끼는 느낌이 다르다. 같은 노란 색이라도 계란
노른자의 색과 개나리 색은 따뜻한 느낌이고, 레몬의 색은 차가운

느낌이다. 붉은 색도 토마토의 빨강은 따뜻함이고, 와인의 빨강은 차가움이다. 따뜻한 색은 노르스름한 색들이 많고 차가운 색은 푸르스름한 색들이 많다. 따뜻한 색과 차가운 색으로 구분한 양쪽 색깔천이나 옷들을 차례로 얼굴에 대보면서 얼굴의 변화를 측정한다. 이때 좋은 변화가 오는 색이 내게 잘 어울리는 색의 유형이다.

제2단계 명도 측정

  밝은 색 유형과 어두운 색 유형 진단하기. 얼굴이 명도에는 어떻게 달라지는지, 밝은 색이 어울리는지 어두운 색이 어울리는지 측정한다. 흰색, 회색, 검정색의 무채색 원단이나 옷을 얼굴에 대본다. 세 가지 색에 따라 얼굴의 변화를 살펴보자. 어울리는 쪽이 얼굴색도 환해지고 이목구비가 선명해진다. 흰색이 어울리면 밝은 색이 잘 어울리는 사람이고, 검정색을 댔을 때 밝고 또렷한 느낌이 나면 어두운 색이 잘 어울리는 사람이다. 회색이 잘 어울리는 사람은 중간 계열의 색을 활용하면 된다. 밝은 색들이라 함은 주로 연하고 부드럽고 은은한 파스텔 톤이 많은 컬러들이고, 어두운 색들이라 함은 짙고 가라앉은 차분한 컬러들이다.

제3단계 채도 측정

  선명한 색 유형과 흐린 색 유형 진단하기. 선명한 원색이 어울리는지 내추럴하고 탁한 색이 어울리는지 측정하는 단계이다. 진단천이나 옷을 선명한 색과 흐린 색으로 구분한다. 선명한 색은 순색에 가까워 강렬한 색과 광택을 낸다. 흐린 색은 내추럴한 색과 바랜 빛을 낸다. 양쪽 색들을 번갈아 얼굴에 대보면서 변화를 측정한다. 좋은 점들이 많은 쪽이 내게 잘 어울리는 것이다.

제4단계 톤 측정

부드러운 색 유형과 딱딱한 색 유형 진단하기. 각 컬러는 톤이 있다. 명도와 채도가 합쳐 색의 성질을 감성적으로 구분한 것으로 보통 전문가용 80색이나 120색 색종이를 구입해보면 뒤편에 써 있으니 이를 참조하면 좋을 듯하다. 영문으로 V, S, B, P, Vp, Lgr, L, Gr, Dl, Dp, Dk 등 11개의 톤으로 구분된다. 진단용 천이나 옷들을 밝고 연하고 은은하게 부드러운 색들과 어둡고 강하고 자연스럽지만 딱딱한 색들로 분류한다. 양쪽 색들을 차례로 얼굴에 대보며 변화를 측정한다. 장점이 많이 드러나면 잘 어울리는 것이다.

4단계를 통해 나에게 어울리는 컬러와 명도, 채도 및 톤을 측정해보면 서서히 옷장 속 내가 갖고 있는 것 중에 계속 보유해야 할 것과 과감히 버려야 할 것이 보인다. 또한 쇼핑할 때도 충분히 생각하며 고를 수 있다. 재킷 하나를 사더라도 디자인이 같은 거라면 제품으로 나와 있는 여러 컬러를 다 입어보고 결정할 수 있는 신중함이 생긴다. 내게 어울리는 컬러만 잘 구입해 얼굴 가까이 스타일링하면 못해도 중간 이상의 평가는 받는다.

나는 누구와 있으며, 누구를 만나는가?

"여자 선생님들한테도 이런 강의를 했으면 좋겠어요."

필자가 고등학생을 대상으로 패션 이미지 특강을 했을 때다. 강의가 끝나자 한 남학생이 상담을 하면서 패션 강의를 선생님들한테도 했으면 좋겠다고 하면서 불만을 토로한 적이 있었다.

"여자 선생님이 너무 짧은 스커트를 입지 않았으면 좋겠어요. 아무리 신경쓰지 않으려 해도 선생님 옷차림에 시선이 쏠리니까 집중하기가 힘들어요. 선생님이 칠판에 필기를 하러 돌아선 순간 모든 신경이 선생님 등에 꽂혀버릴 때도 있어요. 흰색 블라우스 속에 속옷이 적나라하게 보였기 때문이에요. 수업시간 내내 시선을 어디에 둬야 할지 난감할 때도 있고요. 수업보다 선생님의 짧은 치마와 속옷색깔이 더 기억에 남을 때가 많아요."

남학생 앞에 서는 여자 선생님들이 특히 신경을 써야 할 말이다. 본인이 아무리 예쁘게 차려 입었다 하더라도 자신의 직업과 장소, 대상이 누구인지 깊이 생각해 봐야 한다.

미진 씨는 결혼 전 개인병원에서 근무하는 간호조무사였다. 키도 크고 무엇보다 몸매도 좋아 옷을 입으면 소위 옷발이 잘 받는 예쁜 외모를 지닌 여성이다. 하지만 외모와 달리 한 병원에서 오래 근무를 하지 못하고 몇 달에 한 번씩 퇴사, 입사를 반복하더니 결혼식 바로 전에 다시는 병원 근무를 안 하겠다고 선언하기에 이르렀다.

예쁜 용모만큼이나 튀는 이미지가 문제였다. 뚜렷한 이목구비에 옅은 화장을 해도 괜찮았을 텐데 너무 튀는 컬러의 화장을 하는 버릇이 있었다. 다행히 복장은 유니폼이라 큰 문제가 없었지만, 어깨까지 내려오는 퍼머 머리에 손톱은 새빨간 색이거나 화려한 네일아트로 꾸몄다. 위생과 청결을 매우 중요하게 여기는 병원 근무자로서는 어울리지 않는 이미지인 것이다.

"손톱이 빨갛다고 환자를 못 보는 것은 아니잖느냐?"

컴플레인이 들어올 때마다 본인은 이렇게 항변하지만 번번이 병원에서 퇴사 권유를 받은 것이다.

몇 년이 흘러 우연히 만난 미진 씨는 여전히 눈에 확 띄는 화려한 손톱을 하고 있었다. 다만 직업이 네일 아티스트로 바뀌어 있었다. 네일 아트가 빛나는 그녀의 손톱은 매장을 찾는 고객의 시선을 사로잡았고, 똑같이 해달라는 주문에 그녀의 얼굴엔 생기와 밝은 미소가 넘쳐 흘렀다.

패션스타일링의 중요 3요소 TPO

Time : 시간, 유행, 나이 등

Place : 직업과 공간 등

Occasion : 상황과 목적(면접, 고객 응대 등)

① 타임(Time)

시간뿐만 아니라 유행과 나이, 지위를 포함한다. 시간과 유행, 나이와 지위에 맞게 옷을 입어야 한다. 최신 유행을 따라야 멋쟁이라는 말을 들었던 때도 있었다. 지금도 매 시즌이 바뀔 때마다 유행컬러와 유행패션은 존재하고 있다. 그러나 지금은 개성을 더 중요시해서 자신의 나이와 위치에 맞는 패션을 우선시한다.

개인 이미지 컨설팅을 하다 보면 평소 스타일을 피드백 받기 위해 고객의 옷장을 공개하는 경우가 있다. 현재 보유하고 있는 옷과 소품, 각종 액세서리와 옷장 속 정리한 모습을 보면 그의 성향과 외모관리에 대한 관심도 등을 알 수 있다. 이때 유행이 많이 지난 것과 나이에 맞지 않는 것부터 과감히 정리하게 한다.

이제 사회생활을 시작한 20대 신입인데 너무 조숙한 옷과 엄마에게 받은 듯한 값비싼 소품은 오히려 부자연스럽고 촌스럽게 보일 수 있다. 중간 직위의 40대 직장인이 학생이나 입을 법한 캐릭터 셔츠나 노출이 심한 옷을 입으면 어떻겠는가? 40대가 넘어가면 몸매도 외모도 중년이 주는 변화를 맞이하는데 노출이 심한 옷을 입으면, 그것도 직장인이 그런다면 섹시하다기보다 주책이라는 수근거림의 대상이 될 수 있다.

② 플레이스(Place)

자신이 속한 직업이나 공간에 맞는 옷차림을 말한다. 직업에 맞는 이미지가 있다.

공공기관은 클래식한 이미지의 옷차림이 가장 잘 어울리고, 은행 및 금융업은 '돈'과 관련된 직업이라 신뢰감이 드는 단정한 옷차림이 최고의 이미지이다. 다양한 직업을 가진 고객을 만나는 영업 및 세일즈맨들은 유니폼처럼 매일 같은 옷차림보다는 그날 자신이 만나는 고객에 따라 조금씩 이미지 변신이 필요하다.

예전보다 유니폼을 입는 곳이 많아졌다. 호텔, 백화점, 골프장 등등. 기업이나 단체는 자신들의 이미지를 유니폼을 통해 전달하려고 통일된 옷차림을 선호한다. 병원은 사람의 생명을 다루는 곳으로 위생과 청결이 중요시되는 깔끔한 유니폼을 입는다. 의사의 가운 역시 순백색이지 않은가.

유니폼을 입는 직업은 그 옷을 입는 순간 나보다 내가 속한 조직이나 회사의 이미지를 대변한다는 걸 놓쳐서는 안 된다. 그러므로 유니폼 관리가 필수다. 항상 청결함을 유지하고 구김도 없게 다림질을 해야 한다. 유니폼을 입는 직업은 서비스직이든, 기술직이든, 병원직원이든 단정한 헤어스타일을 갖춰야 한다.

③ 옥케이션(Occasion)

자신이 처한 상황과 목적을 의미한다. 면접을 하러 가는 길인지, 고객을 만나러 가는 길인지, 선후배의 경조사에 가는 길인지, 회사에서 프리젠테이션을 하는 날인지, 회사 체육대회나 야외모임을 하는 날인지 다양한 상황에 맞는 옷차림을 해야 한다.

요즘은 면접을 위한 교육, 캠프, 컨설팅 등이 입시전쟁을 방불케 한다. 면접을 위한 옷차림, 태도, 스피치 등을 교육하는 기관도 사람도 많다. 짧은 시간에 자신을 알리기 위해 첫인상을 좋게 하는 전략이 필요하다.

회사의 사활이 걸린 프리젠테이션에는 전략적 옷차림이 필요하다. 제품이나 회사, PPT가 부각이 되어야 하는 경우에는 너무 튀거나 도전적인 컬러의 옷차림은 피하는 게 낫다. 반대로 발표자가 부각이 되어야 하는 경우에는 넥타이나 재킷안의 블라우스를 강렬한 컬러로 하는 것이 좋다.

경조사의 옷차림도 신경을 써야 한다. 경사일 때는 밝고 화사한 옷차림이 적당하다. 다만 주인공보다 너무 튀거나 구분이 애매해 보이는 건 결례다. 그래서 결혼식에는 신부의 드레스와 비슷한 컬러의 옷차림은 피했으면 한다. 또한, 검은색도 경사에는 원칙적으로 주의했으면 한다. 조사일 때는 화려한 옷차림을 피해야 한다. 남성의 경우 검은 색 정장이 가장 좋으나 여의치 않다면 넥타이만이라도 광택 없는 검은 색으로 해야 한다. 여성의 경우 단색을 입는 게 좋다. 검은색을 입었더라도 무늬가 많거나 보석 디테일이 박히거나 레이스 디자인으로 속살이 보이는 것은 적당하지 않다.

회사를 벗어난 모임인 회식, 워크샵, 야유회, 사내 체육대회 등의 옷차림은 자신이 속한 조직과 사회적 수준을 감안해야 한다. 모임에서 술이나 유흥이 있을 수 있으니 이 점도 각별히 신경을 써야 한다.

헐리우드 영화에 '다이버전트(Divergent)'가 있다. 미래가 배경인데 오랜 전쟁으로 파괴되어버린 한 도시에서 영역별로 5개의 분파가 지휘, 통제하는 사회를 그린 판타지 액션영화이다. 직업은 못 속인다고 필자는 그들 5개 분파의 의상이 상징하는 비언어 이미지에 시선이 꽂혔다. 인물들의 의상과 외모만 봐도 어느 분파의 사람인지 가려내고 맞추는 재미에 내용은 자세히 기억이 나지 않지만, 역할에 맞는 외모가 주는 메시지가 확실한 영화다.

① 인텔리젠트(Intelligent) 분파

지식과 논리를 탐구하는 똑똑한 사람들의 집단으로 스마트함을 내세운다. 의상은 모두 똑같은 정장과 수트를 입었으며, 컬러는 블루 계열의 쿨한 느낌의 의상이 전부였다. 디자인도 심플했고 무늬가 전혀 없는 단색으로만 입고 있다. 심지어 분파의 대표인 여자배우는 하얀 헤어 컬러를 하고 있어 의상의 컬러와 대조가 강하게 드러났다.

② 피스풀(Peaceful) 분파

친절과 평화를 추구하며 땅을 경작하는 사람들이다. 자연에서 농사를 짓는 역할을 하는 만큼 자연의 색, 흙을 상징하는 황토색, 나무와 초원을 연상시키는 짙은 녹색, 은행나무나 단풍잎 같은 컬러의 옷을 입고 있다. 자연 염색을 한 듯한 내추럴한 질감의 편안한 실루엣의 옷차림이다.

③ 호니스트(Honest) 분파

정직과 질서를 중요시하는 사람들로 법 제정과 집행을 담당한다. 어느 컬러가 연상되는가? 그렇다. 블랙 앤 화이트나 짙은 감색컬러의 규격화된 제복을 입고 있었다. 무늬도 직선의 심플한 디자인만 있을 뿐이었다.

④ 브레이브(Brave) 분파

용감하며 불과 같은 열정이 풍부하며 군인이나 경찰의 역할을 담당한다. 항상 뛰고 몸놀림이 많은 사람들이라 의상 역시 활동하기 편한 차림이다. 여자도 모두 긴 바지만 입고 있었으며, 대부분 검정 컬러의 재킷과 가죽과 같은 딱딱한 느낌의 소재가 많았다. 이너웨어로 빨간색 민소매가 가끔씩 나와 열정과 용감성을 그 컬러의 이미지를 대변하였다.

⑤ 셀프리스(Selfless) 분파

이웃에 헌신하는 이타적인 사람들로 둥근 돌멩이 같은 상징물이다. 무분파(5개의 분파에 속하지 못한 남루하고 부랑자 같은 아

다이버전트

미국 ǀ SF, 판타지, 액션,
로맨스/멜로 ǀ 2014.04.16 ǀ
15세이상관람가 ǀ 140분
감독 / 닐 버거
출연 / 쉐일린 우들리, 테오 제임스,
　　　 케이트 윈슬렛, 애슐리 쥬드 등

무 역할이 부여되지 않은 사람들의 분파)까지 도움을 주는 역할을 한다. 봉사정신이 투철한 이들은 거울로 자신의 모습조차도 오래 볼 수 없는 규정을 지키고 산다. 의상 컬러 역시 무채색이 대부분이었고, 채도가 낮아 뿌연 느낌의 배색이 굉장히 부드러웠다. 튀지 않는 컬러와 남녀 모두 몸매를 드러내지 않는 폭이 넓고 길이가 긴 스커트와 통 넓은 바지에 조끼를 입고 생활하며 화장은 물론 머리카락도 하나로 묶어 핀 하나 꽂지 않았다. 신발 역시 하이힐도 신지 않았으며, 목까지 오는 장화와 단화 같은 신발의 기능에만 충실한 것으로 신었다.

의외의 복병은 작은 것에 달려 있다

얼마 전 골프를 치러 간 날이다. 처음 뵈었던 2명이 상대적으로 대조가 되었던 이미지가 잊혀지지 않는다.

모두 40대 중반인데 A는 160cm가 채 안 되는 아담한 키에 조금 통통하고 지적이고 부드러운 이미지다. B는 160cm가 넘는 키에 군살이 하나도 없는 날씬한 몸매에 기다란 머릿결을 흩날리며 걸어오는 모습이 젊은 아가씨라고 해도 믿을 만큼 아주 젊어 보이고 세련된 이미지다. 운동복으로 갈아입고 필드에 나선 둘의 의상 코디 역시 너무 대조가 되었다. A는 편한 바지에 활동성 있는 티셔츠 차림이고, B는 필드 위의 패션모델이 연상될 만큼 화려했다. 머리부터 발끝까지 비싼 명품 골프 옷에 소품으로 들고 나온 작은 백조차도 옷 컬러에 맞춘 티가 역력했다.

필자의 시선은 시간이 갈수록 A에게 갔다. A의 옷은 화려하지는 않았지만 얼굴형을 고려한 프레임과 피부톤에 맞는 선글라스가 너무 멋스러워 브랜드가 궁금할 지경이었다. 오죽하면 실례를 무릅쓰고 어디서 샀는지 물었을까? 놀라운 건 그리 비싸지 않은 중간 가격의 중소 브랜드라는 것이다. 이에 비해 B가 갖춘 것은 로고가 여기저기 확실히 박힌 명품이었지만 과연 모두 진짜명품일까라는 의구심까지 들 정도였다.

설사 저렴할지라도 잘 어울리니까 이미지가 살고, 아무리 명품의 조합이라도 잘 어울리지 않으면 제값을 발휘하지 못한다는 것을 새삼 확인한 순간이다.

머리부터 발끝까지 비싼 명품으로 휘감는다고 이미지가 좋아 보이는 것은 아니다. 그리 비싸지 않은 아이템들도 작은 소품과 액세서리가 조화를 이룰 때 좋은 이미지를 발휘할 수 있다. 특히 직장생활을 하는 이들은 작은 소품하나로 자신의 이미지를 돋보이게 할 수 있다. 명품만 구비하지 말고 잘 어울리는 소품과 액세서리 하나하나에 신경을 쓰는 것이 중요하다.

남성의 경우 수트를 자주 입는 직업군이라면 따라오는 소품이 있다. 셔츠와 재킷색에 맞는 타이가 대표직인데, 남성의 얼굴 이미지를 바꿀 수 있는 파워 아이템이다. 타이를 잘 고르고 바르게 매는 남성을 보면 옷 잘 입는 남자로 보일 수 있다. 타이의 컬러는 자신의 얼굴이 하얀 편이라면 빨간색이라도 조금 환한 것으로, 검은 편이라면 짙은 빨강을 선택하는 것이 좋다. 타이는 컬러도 패턴도 너무 다양하므로 구입할 때 자신이 소유한 재킷색과 셔츠색을 염두에 두고 골라야 한다. 반드시 직접 매보고 구입하길 권한다. 재킷이나 셔츠에 무늬가 있다면 타이는 솔리드타입이 어울리고, 단색의 셔츠와 재킷이라면 타이의 패턴을 다양하게 선택해서 같은 옷이라도 분위기를 바꿀 수 있다.

타이의 매듭 또한 얼굴형태를 고려해 매는 것이 효과적이다. 타이를 다 맸을 때의 길이는 바지 벨트 버클의 가운데까지 닿을 정도가 적당하다. 벨트는 구두의 색과 맞추면 좋고 바지와 구두를 연결하는 양말의 컬러는 수트의 바지컬러에 맞추면 무난하다.

양말은 바지와 구두를 이어주는 역할을 하므로 짙은 컬러의 바지와 구두에 하얀색 스포츠 양말을 신는 최악의 선택은 하지 않았으면 한다.

남자들이 매일 착용하는 액세서리인 시계도 이미지에 어울리는 것을 골라야 한다. 활동적인 이미지라면 카리스마가 느껴지는 스틸밴드가, 부드럽고 따뜻한 이미지라면 가죽밴드 시계가 어울린다. 특히 수트에는 시간이 숫자로 표시되는 시계나 화려하고 지나치게 두꺼운 시계는 어울리지 않는다.

남성의 지갑은 바지스타일을 망치는 주범 중에 하나이다. 너무 두껍게 해 불룩한 엉덩이를 만들지 않도록 한다.

명함은 따로 명함지갑을 쓰는 것이 상대방이 볼 때 더 전문적이고 신뢰감이 높아진다.

여성의 경우 액세서리와 소품의 종류만큼이나 관심도 많다. 직장인에게 헤어 액세서리는 너무 유치하거나 화려한 것이 어울리지 않는다. 헤어 길이에 맞춰 단정함을 잊지 않아야 한다. 차라리 헤어 액세서리에 관심을 두기보다 염색한 지 오래되어 원래 머리카락색과 분리되어 '푸딩' 같은 모습은 아닌지를 먼저 확인하길 바란다.

환절기나 봄, 가을에 여성 필수 아이템으로 자리잡은 스카프나 머플러는 자신의 피부색을 고려하는 게 우선이다. 스카프를 구입할 때 같은 디자인이라도 여러 색상의 스카프를 모두 직접 둘러보고, 자신의 얼굴이 환하고 예뻐 보이는 것을 구입하도록 한다. 의상이 심플하다면 스카프는 화려한 게 포인트가 될 것이고, 의상이 무늬가 많고 장식이 많다면 스카프는 심플하면서 옷 색상에 있는 하나의 색과 같은 색상의 스카프를 고르면 잘 어울린다. 주의할 것은 애니멀 프린트 등 패턴이 강한 스카프는 절대 과하지 않아야 한다. 자칫 동물의 왕국이 연상될 수 있기 때문이다.

여성이라면 빼놓을 수 없는 것이 주얼리다. 직장에서는 귀걸이, 목걸이, 팔찌, 반지 등을 주렁주렁 매달고 다니는 건 산만하고 요란한 느낌을 주기에 지양하는 것이 좋다. 그날 자신의 옷차림과 직업군에 딱 맞는 걸로 2개 이내로 골라서 포인트를 주는 게 훨씬 세련되어 보인다. 크기 또한 비즈니스 세계에서는 너무 크고 화려한 것은 어울리지 않는다. 심하게 달랑거리는 샹들리에 같은 귀걸이는 파티스타일이니, 직장에서는 귀에 달라붙어 얼굴을 갸름해 보이는 것을 선택하는 것이 좋다. 심플할수록 신뢰감이 상승한다.

백을 선택할 때는 자신의 신체크기에 비례한 것을 골라야 한다. 작은 키의 여성이 빅백을 어깨에 매고 다니면 그것이 명품 로고일 지라도 보부상 느낌이 드는 걸 피할 수 없다. 정장에는 각진 것이 어울리고 세미정장이나 캐주얼에는 부드러운 모양이 어울린다. 백과 구두의 컬러를 맞춰야 세련된 것이라는 말이 있다. 필자의 경험으로 백은 옷 컬러와 대조되는 포인트로 활용할 수 있지만 구두는 바지나 스커트색, 스타킹 컬러와 맞춰 다리가 길어보이게 연출할 수도 있으니 백과 구두의 컬러를 너무 맞추려 애쓰지 않아도 된다.

직장인은 아무리 각선미가 좋아도 눈에 확 띄는 스타킹이나 레깅스로 출근하는 것은 피했으면 한다. 차라리 구두색과 맞춘 불투명 타이즈가 낫다.

안경은 얼굴 이미지를 좌우한다는 걸 잊지 말자. 기본적으로 자신의 얼굴형을 살펴보고 반대되는 프레임을 선택하는 게 좋다. 둥근 얼굴형이라면 약간 각진 것이 어울리고, 각진 얼굴형이라면 약간 둥근 형태가 어울린다.

우산도 마찬가지다. 우산은 한 번 사면 비나 눈이 오는 날 꼭 필요한 물품이다. 이왕이면 그날 옷차림에 어울리는 것 1~2개를 구입하는 것이 좋다.

남성은 우산 컬러를 재킷이나 코트 컬러에 맞추면 무난하다. 여성은 옷이 심플하다면 화려한 컬러의 우산이 좋다. 우산을 많이 구입하기 어렵다면 자신의 얼굴을 환하게 비춰줄 색상으로 고르는 것이 좋겠다. 가급적 밝은 컬러를 선택하면 어두운 날에도 조명역할을 해주어 돋보일 수 있을 것이다.

못다한 이미지 이야기

필자는 이미지 컨설턴트로서 현장에서 강의와 고객 컨설팅을 한다. 직업 특성상 여러 분야의 사람들을 만나다 보니 다양한 연령대와 많은 직업군의 사람들과 소통하면서 직업과 사회적 이미지에 대해 사람들이 선입견을 갖고 있는 것을 발견한다.

필자를 처음 만나는 사람은 자신의 외모를 어떻게 하면 더 세련되어 보일지 묻고 어떤 브랜드의 옷을 입어야 하는지 묻는다. 심지어 필자의 옷장 속이 궁금하다는 분도 만난다. 그들이 볼 때 필자의 옷은 비싼 돈을 주고 사는 것 같고, 명품이 많을 것 같고 화려한 액세서리와 소품이 옷장 속에 가득할 것으로 여기나 보다.

하지만 필자는 명품 매니아도 아니고 계절마다 백화점에서 옷을 구입하는 경우도 많지 않다. 일할 때와 가족과 있을 때의 옷차림도 다르고, 편한 친구를 만날 때는 캐주얼 복장도 자주 한다. 그러나 항상 필자에게 어울리는 것을 우선으로 물건을 구입하고, 한 번 구입한 옷이나 소품 액세서리 등은 오래 보유할 각오로 집에 들여 놓는다.

물건을 구입하는 장소는 아이템마다 조금 다르다. 오래 보유할 아이템인 가죽, 겨울코트, 재킷, 가방, 시계 등은 고가가 아닌 브랜드 위주로 백화점 세일기간을 이용한다. 유행을 거의 안 타는 것을 고르며, 같거나 비슷한 디자인이라도 출시된 모든 컬러를 다 입거나 착용해 본 후 가장 어울리는 색을 고른다. 이런 것은 매 해 함께 할 아이템들이라 돈을 조금 더 들이더라도 좋은 재질과 소재를 우선으로 선택한다.

　그 다음에 검은색, 그레이, 아이보리나 화이트컬러의 기본 실루엣의 재킷, 세미 정장 등은 아울렛을 이용한다. 얼굴을 화사하게 해줄 컬러를 고르며 현재 내게 딱 맞는 핏의 제품을 착용 후 구입한다. 수선을 요하는 것은 길이만 조정할 뿐이다. 어깨나 품이 안 맞는 건 아무리 맘에 들어도 수선하면 모양이 흐트러지기 때문에 내려놓는다. 하의는 엉덩이나 허벅지에 맞춰야 하므로 허리를 수선하는 경우가 간혹 있다. 옷은 전체 실루엣을 손대면 디자인의 느낌이 달라지기 때문에 비싼 브랜드라고, 갖고 싶다고 해도 내 몸에 맞지 않다면 내 것이 아니라 여겨야 한다.

　청바지는 트렌드를 많이 반영한다. 짙은 색의 유행 안 타며 가장 어울리는 길이와 폭으로 한 벌은 조금 돈을 들여 브랜드를 구입해 오래 입고, 트렌드를 반영하는 청바지는 좀 저렴한 것을 구입해 자주 입어 돈이 아깝지 않게 한다. 상의를 바꿔 분위기를 전혀 다르게 소화할 수 있는 아이템으로 청바지만한 게 없다.

　마지막으로 트렌드를 많이 반영하는 아이템, 캐주얼한 티셔츠, 베이직한 아이템들은 SPA매장을 이용한다. 베이직한 아이템일수록 부자재가 심플한 것을 골라야 재킷이나 소품과 맞추기가 쉽다.

　필자는 키가 작은 편이라 신발을 구입할 때 항상 숙제를 하는 기분이다. 화려하고 예쁜 구두를 보면 확 갖고 싶으나 구두에 시선이 내려가면 더 작아 보일 수 있어 상체로 시선을 끌기 위해 심플한 것을 고른다. 강의할 때는 높은 굽의 힐을 신고 몇 시간씩 서 있어야 하기에 디자인보다는 편안함이 우선인 것을 고른다. 일하지 않는 날에는 반대로 과감히 키 커 보이는 힐을 포기한다. 굽 낮은 신발로 몸에도 휴식을 주는 편이다. 강의와 미팅, 이동이 많은 날에는 차에 여벌의 편한 신발 한 켤레를 준비한다. 다만, 어느 날 높은 굽의 힐을 신고 일 나갔다가 저녁에 낮은 신발로 갈아 신고 집으로 걸어오는 데 땅이 참 가까이 보여 '내가 작긴 작구나' 하고 웃을 때도 있다.

이미지 컨설팅을 하면서 가장 많이 변화는 것은 바로 필자 자신이다. 어렸을 때부터 패션에 엄청난 관심이 있어 쇼핑을 많이 한 것도 아니고 소비를 즐겨하는 편도 아니었다. 단지 전문인으로서 거듭나기 위해 배운 것을 먼저 활용하려고 노력한다. 쇼핑할 때도 조금 신중히 고르려 하고, 드라마나 예능 뉴스를 시청할 때도 유심히 출연자들의 외모를 살펴보며 분석하기도 한다. 의도적으로 계절이 바뀔 때마다 백화점을 순회하며 신상을 관찰하며, 때로는 사지도 않을 거면서 내게 맞는 컬러와 스타일을 찾기 위해 여러 매장에서 이 옷 저 옷을 걸쳐 본다. 그 과정을 통해 아무리 예쁜 옷도, 아무리 비싼 명품도 그날 나의 전체 스타일과 조화를 이루지 못하면 내 것이 아니라는 것을 깨달았다.

하루아침에 내 이미지를 바꾸기는 힘들나. 그러나 절대 불가능한 게 아니다. 내게 관심을 갖는 것부터가 나를 바꾸는 행보의 시작이다. 신입사원이라면 직업에 맞는 이미지 형성을 위해, 현재 직장인이라면 자신의 위치에 맞는 이미지를 갖추기 위해 신경을 써야 한다.

"거울을 보라!"

거울 속 나의 이미지와 숨어 있는 장점을 발견하면서 혹시나 있을 수 있는 단점까지도 인정하고 끌어안아 한 발자국 떼어 보자. 좋은 이미지, 좋은 인상이 원할한 소통의 시작이다! 어제의 나보다 하루 발전된 나의 이미지를 위해 행보를 시작한 여러분에게 응원을 보낸다.

"아무리 좋은 것도 자신의 지위와 위치에 맞지 않으면 '과유불급'으로 전락할 수 있다. 열심히 일하고 열심히 배려했는데, 그것이 오히려 상대에게 부담을 주고 전체적인 틀에서 조직에 해를 끼치는 경우가 있다."

위치에 맞게 소통하라

박경세

조직에 입문하는 그대에게

회사생활은 조직생활이다. 따라서 회사생활을 잘 하려면 조직의 생리를 알고 조직생활에 빨리 적응할 수 있어야 한다.

일반적으로 남성은 군대라는 조직생활을 해봤기에 회사생활에 유연하게 대처할 수 있다. 또한 대학교에서도 조직체계가 잘 갖춰진 학과를 경험한 학생들은 대체적으로 회사생활에 잘 적응을 한다. 체육학과 출신이 회사생활에 쉽게 적응한다는 말을 많이 들었던 내 경험에 비춰 봐도 맞는 말인 것 같다.

하지만 여성이나 대학교에서 비교적 분위기가 자유로운 학과를 나온 학생들은 회사생활에 적응하는데 상당한 어려움을 겪는 게 사실이다. 조직생활에 익숙하지 못한 사람이 회사생활에 어려움을 겪는 것은 어쩔 수 없는 일이다. 이런 사람일수록 이론으로라도 먼저 조직생활에 필요한 덕목들을 배워둘 필요가 있다.

조직 [組織]

일정한 지위와 역할을 부여 받은 사람이나 집단이 특정한 목적을 달성하기 위하여 질서 있는 하나의 집단을 이룸

회사 [會社]

상행위나 영리를 목적으로, 상법에 근거하여 설립된 법인

회사에는 사기업과 공기업이 있다.

사기업은 규모에 따라 대기업, 중소기업으로 구분한다. 중소기업은 중소기업기본법 및 세법 등 법률에 의해 국가로부터 보호받는 기업을 말하며 업종에 따라 상시 근로자수, 자본금, 매출액 등의 기준이 다르다.

공기업은 공공기관으로 불리기도 한다. 공공기관 운영에 관한 법률에 의거하여 다음과 같이 구분한다.

① 공기업	○ 자체수입비율≥50%, 직원정원≥50인
시장형 공기업	자체 수입비율≥85%인 기관(&자산2조원이상)
준 시장형 공기업	자체 수입비율 50%~85%
② 준 정부기관	○ 자체수입비율<50%, 직원정원≥50인
기금관리형 준 정부기관	중앙 정부 기금을 관리하는 기관
위탁집행형 준 정부기관	기금관리형 아닌 준 정부기관
③ 기타공공기관	○ 공기업·준 정부기관을 제외한 공공기관

공무원은 국가 또는 지방 자치 단체의 업무를 담당하고 집행하는 사람을 말한다.

예전에는 평생직장이 가능했다. 따라서 기업과 함께 하는 각오로 "삼성맨", "현대맨" 같은 말에 자부심을 느꼈다. 하지만 IMF 경제위기로 기업회생을 위한 구조조정이 이뤄지면서 평생직장의 개념이 사라진 지 이미 오래다. 특히 사기업에 근무하는 사람들은 언제 구조조정에 의해 명예퇴직을 당할지 몰라 신분의 위협을 느끼고 있다. 또한 언제 조직으로부터 퇴출을 당할지 몰라 그 어느 때보다 개인의 업무능력과 인간관계에 신경을 써가며 원만한 조직생활을 하기 위해 노력해야 한다.

이에 비해 특별한 잘못이 없다면 정년(58세~60세)이 보장되는 공무원과 공공기관에 근무하는 사람들은 상대적으로 편한 조직생활을 할 수 있다. 인간관계에서 특별히 잘못하는 것만 없다면 훌륭한 조직생활을 했다고 볼 수 있다.

일반적인 직위와 직급, 직책의 구분

	직위	직급	직책
정의	직무를 수행하기 위한 서열 = 지위	직무에 등급 = 호봉	직무상의 책임에 따라 구분되는 직책
사례	사원, 대리, 과장, 차장, 부장 등	1년차 대리, 4년차 대리	팀장, 본부장, 사업부장

일반적인 회사의 직위 분류

사 원 → 주 임 → 대 리 → 과 장 → 차 장 → 팀 장 → 실 장 (본부장) 등 → 사 장

조직생활에서 가장 중요한 것은 자신의 직위와 직급, 직책에 맞게 처신하는 것이다. 이것은 현대에만 있었던 일이 아니라 인류의 역사가 시작되면서 자연스럽게 생긴 현상이다. 사회적인 동물로서 인간에게는 누구나 자신의 지위와 역할에 맞는 일이 주어져 있다. 자신의 역할에 최선을 다하는 것이 곧 자신을 위하는 길이고, 조직을 위하는 길이다.

신라 경덕왕의 명을 받은 충담사는 다음과 같은 노래를 지어 바쳤다. 오늘날에도 조직생활을 하는 이들이 가슴에 꼭 새겨야 할 교훈을 담고 있다고 생각해서 소개해 본다.

임금은 아비요

신하는 사랑하는 어미요

백성은 어리석은 아이라고 한다면

백성이 사랑을 알 것입니다.

구물거리며 실아가는 백성

이를 먹여 다스리어

이 땅을 버리고 어디로 갈 것인가 한다면

나라 안이 보전할 것을 알 것입니다.

아아, 임금답게 신하답게 백성답게 한다면

나라가 태평할 것입니다

  - 충담사의 '안민가' 전문

왕은 왕답게 신하는 신하답게 백성은 백성답게 한다면 나라가 태평할 것이라는 마지막 구절은 회사생활을 하는 사람이라면 항상 가슴에 새겨야 할 말이다. 사장은 사장답게, 간부는 간부답게, 신입사원은 신입사원답게 한다면 그 조직은 번영할 수밖에 없다.

어떻게 하는 것이 '~답게' 하는 것인가? 함께 고민해 볼 필요가 있다.

필자는 직책에 맞는 '~답게' 직장생활을 하는 방법을 제시해 보고자 회사의 많은 분들께 자문을 구하며 인터뷰를 하였다. 기꺼이 인터뷰에 응해주신 분들께 감사드리며, 특히 30년 넘은 공직 경험을 바탕으로 현재 우리 회사를 이끌어 주시는 신중석 대표님께 더욱 감사드린다. 바쁘신 중에 많은 시간을 할애해 주시고, 아낌없는 조언을 들려주신 덕분에 큰 틀을 잡고 정리하는데 보탬을 얻을 수 있었다.

인터뷰는 각 직위별로 자문을 구하여 진행하였다. 5개 직위(사원, 주임, 과장, 팀장, 실장)에 맞춰 각자 지위에 맞는 '~답게' 하는 태도나 마음가짐, 행동지표에 대해 경험자의 의견을 듣는 시간이었다.

모든 것이 낯선 신입직원에게

신입직원은 뭔가 서툴러야 정상이다. 그동안 입사하기 위해 얼마나 많은 자기소개서와 지원서를 썼던가! 서류 심사와 3차 면접까지 치르고 합격 통지서를 받아 들었을 때의 기쁨과 더불어 설레는 마음으로 잠도 못잘 정도로 힘든 신입직원 연수를 마치고 마침내 배정받은 부서로 첫 출근했을 때의 기분이란!

마치 외계인처럼 생소한 장소에 뚝 떨어진 기분, 처음 만나는 모든 사람의 이름뿐만 아니라 직급과 직책을 외어야 한다. 왜 그렇게 생소한 단어가 많은지, 마치 외계어를 쓰는 듯한 선배들 속에서 어쩌다 전화라도 받으면 속도까지 빨라 잘 알아듣지도 못할 지경이다. 모르는 것이 있어도 누구에게 물어봐야 할지도 모르겠고, 모두 자기 일에 바쁜 모습에 지금 여기서 무엇을 어떻게 해야 할지 몰라 당황스러웠던 적이 얼마나 많았던가.

필자 역시 20년 전에 겪었던 일이다. 이제 추억 속의 장면들을 상기하며 지금 이 순간에 똑같은 상황에 처해 힘들어 하고 있을 후배들에게 조금이나마 도움이 되었으면 하는 마음이다.

● **대표이사가 바라는 신입직원의 모습**
  - 기본기를 닦는 일에 집중하라

신입직원 때는 행복한 시기다. 본인은 힘들지 모르지만 직장에서는 당연히 적응할 시간을 주기 위해 기다려주는 이들이 많다.

의사소통에서 제일 중요한 것은

상대방이 말하지 않은 소리를 듣는 것이다

– 피터 드러커

따라서 이때는 조직의 돌봄을 받는 시기라는 것을 인식하고 가장 중요한 기본기를 닦는 일에 집중해야 한다.

끊임없이 자기계발을 해서 자신만의 경쟁력을 키우기 위해 노력해야 하는 시기로 자칫하면 의욕을 앞세워 건강을 해칠 수 있다. 따라서 건강관리에 특별히 신경을 써야 하며, 업무에 필요한 지식을 쌓아 자신의 가치를 향상 시키고, 직장 동료는 물론 관계되는 주변의 모든 사람과 원만한 관계를 구축하고 좋은 첫인상을 심어주려 노력해야 한다. 또한 어떤 포지션에 상관없이 지위와 역할을 병행하는 시기라 생각하고 무슨 일이든지 최선을 다해 배우는 자세로 임해야 한다.

가급적 개인주의적인 사고에서 벗어나 조직문화를 배우는 것이 필요하다. 조직의 특성을 파악하는 것이 중요하며 아무리 신입이라 해도 소속 팀에서 펼쳐지는 일의 범위와 내용 정도는 파악하고 있어야 한다.

업무에 임할 때는 기본에 충실해야 한다. 업무의 관련 규정이나, 지침, 문서작성 방법 등을 빨리 체득해야 한다. 예를 들면 맞춤법, 띄어쓰기 등 사소한 것처럼 여겨지는 것에서 허점을 보이지 않아야 한다. 문서작성에서 맞춤법이나 띄어쓰기가 잘못된 경우 베테랑 입장에서는 이것이 실력인지 실수인지 금방 알 수 있다. 실수야 눈 감아 줄 수 있지만 기본기가 부족한 실력으로 드러난다면 낭패를 당할 수 있다.

신입직원은 내공을 쌓는 시기이다. 이 시기에 갖추어야 할 기본기를 갖추지 못한 상태로 세월이 흘러 용케 운이 좋아 중간간부가 된다 해도 원칙과 멀어져 즉흥적으로 운에 의지하는 사람이 될 수 있다. 더 이상 발전을 기대할 수 없게 되는 것이다. 따라서 신입직원 시기를 미래의 나를 위한 투자의 시기로 삼아 어느 때보다 열정적으로 기본기를 배우고 이를 습관화해 나가야 한다.

일할 때에는 양보다 질에 신경을 써야 한다. 무조건 관례를 따라하거나 답습한다면 많은 일을 처리할 수는 있다. 하지만 이것은 회사의 발전에 도움을 주지 못한다. 관례에 따라 생각 없이 업무를 진행하는 것보다는 '왜, 이 일을 하는가?', 즉 업무 취지 및 배경을 생각하며 30분만 더 집중하면 발전적이고 창의적인 해답을 발견해 나갈 수 있다.

● 실장급이 바라는 신입직원의 모습
- 우선 주어진 일에 최선을 다하라

아직은 일을 찾아서 할 수 없는 시기라는 것을 스스로 인정하고, 우선 주어진 업무에 최선을 다해야 한다. 무엇보다 자신의 처지를 인정하고 무슨 일이든 수용하고 흡수하는 자세가 필요하다. 즉 큰일이라 중요하고 작은 일이라 중요하지 않게 생각해서는 안 된다. 아무리 사소한 일 같아도 나중에는 모두 의미 있는 일이 된다는 것을 알고, 아기가 걸음마를 배우듯이 한 단계, 한 단계 차근차근 배워나가는 것이 중요한 시기다.

윤리적으로 투명해야 한다. 금전적으로 회사나 동료와 잡음이 없어야 하며, 할 것과 말 것을 구분하는 기준이 필요하다. 또한 업무에서도 소위 줄대기식으로 사람을 따라 다니며 라인을 만드는 것보다는 자신의 실력을 축적하는 기간으로 만들어야 한다.

업무를 할 때는 어설프게 간 보는 태도를 취하지 말고 정면으로 부딪쳐 승부를 걸 수 있어야 한다. 한편 신입사원 시기에는 자신의 전공에 편중하는 경향이 있기에 우선은 전공을 잊고 담당업무의 특성을 이해하고자 노력하는 자세가 필요하다. 궁금하면 적극적으로 질문하며 조언을 구하는 자세가 필요하다.

동료와 소통에 신경을 써야 하고, 특히 인간관계를 원만하게 만들어 나가는 친화력이 필요한 시기라는 것을 염두에 두어야 한다. 상대방을 이해하기 위해서 친화력이 강한 선배를 벤치마킹하는 방법도 좋다.

마지막으로 회사의 업무와 추진방법을 배우고 익히는 것이 필요하다.

회사는 가정이나 학교와 다르다는 것을 인식해야 한다. 가정이나 학교에서 들였던 습관이 통하지 않을 수 있다는 것을 깨닫고 얼른 새로운 환경에 적응하는 순발력을 갖춰야 한다.

내가 먼저 다가가는 관계설정의 노력이 필요하다. 상사와의 소통강화방법에 대한 고민도 필요하며, 부여 받은 과제의 효과적 처리방법에 대한 고민과 실행이 필요하다.

가끔 직원 중에는 과제를 끌어안고만 있는 사람이 있다. 이 경우 자칫 게으르고 답답하다는 오해를 받을 가능성이 높다. 물론 과제에 대해 자신의 의견을 정리하여 보고하고, 지시자의 의도와 생각을 반영하여 수정하고 다시 보고하는 과정을 통해 2~3차 보고 수정 후 적극적으로 문제를 해결하는 직원도 있다.

여러분은 어떤 직원을 선호하겠는가?

● **팀장이 바라는 신입직원의 모습**
  – 당당함과 거만함을 구분하라

당당함과 거만함을 구분할 줄 알아야 한다. 당당함을 유지하려면 무엇보다 예의를 지켜야 한다. 시행착오는 누구나 이해할 수 있다. 자신도 실수할 수 있다는 것을 인정하고 실패나 좌절감을 확장하여 주눅 들거나 분위기를 위축시키지 말아야 한다.

모든 일에 호기심을 갖고 임해야 한다. 무조건적인 답습이 아닌 자신의 고민을 반영해 나가고, 선배들의 성 과에 대해서는 '왜 이것밖에 못했지?' 하는 생각보다는 먼저 인정하는 자세가 필요하다.

신입사원의 가장 큰 무기는 패기임을 명심해서 복지부동이나 체념 등은 생각하지도 말 것이며, 기관의 특성을 빨리 파악하려고 노력해서 조직문화를 익히고, 특히 불문율이 무엇인지 알아둘 필요가 있다.

보고서는 타이밍이 가장 중요하다는 것을 잊지 말고 시간에 맞춰 작성해야 한다. 아울러 동기보다 소중한 것은 없음을 알고 서로 의지하는 것이 중요하다.

가족, 친구, 연인 등 사적인 생활의 안정이 회사생활에 미치는 영향이 크므로 직상생활과 사생활간의 균형이 중요하다는 것을 인식하고 행동해야 한다.

모든 일에 적극성을 가지고 자신의 의견을 제시하는 것이 가장 좋다. 의견은 "저는 이렇게 생각하는데 어떠신지요?", "저는 이렇게 했으면 좋은데 괜찮겠습니까?" 등의 질문의 형태로 개진하는 것이 좋다. 적극적으로 참여하고 일하려는 느낌을 주는 태도라 이런 직원에게는 더욱 애정이 간다.

예전과는 많이 달라졌지만 단체행사인 회식이나 자체 체육행사 등에는 적극적으로 참여하여 어울리려는 노력이 필요하다. 선배들이 신경써주는 것도 한두 번이지 스스로 다가가지 않는다면 더 이상 마음을 열어줄 여유가 없다.

업무에 있어서는 많은 경험이 필요한 시기이기에 다양한 유대강화를 통해 연관된 부서의 일도 알아야 이해도 쉽고 협력도 가능하다.

무엇보다 중요한 것은 예절이다. 직장에서 만나는 선배 중에는 부모뻘 되는 분들도 있다. 사회생활의 기본인 연장자에 대한 예의가 필요하다. 허물없는 관계와 예의 없는 관계는 구분되어야 한다. 특히 흡연이나 음주를 할 때 사소한 예의는 직책을 떠나 사회인으로서 연장자에 대한 기본적인 예의를 갖춰야 한다.

● **입사 2년차가 바라는 신입직원의 모습**
　－ 열린 마음으로 접근하라

열린 마음을 갖고 접근해야 한다. 무조건 긍정적 수용과 적극적인 행동을 하는 것이 신입직원의 패기로 자기 발전에 도움이 된다. 단순하지만 가장 절실한 이야기다.

회사에서 자신이 하는 업무의 비중이나 중요성은 아직 모른다. 경력 설계를 위한 방법들도 모른다. 우선은 부딪쳐보는 것, 그러면서 알아가는 것이 중요하다.

또한 완벽한 보고를 준비하려고 혼자 고민하다, 타이밍이 늦어져 아픔을 겪었던 적이 많다. 신입이라면 이 부분에 신경을 써서 가급적 타이밍에 맞춰 보고하기 위해 특별히 신경을 써야 한다. 선배들에게 적극적으로 묻는 것도 문제를 해결하는 방법 중에 하나라는 것을 염두에 두었으면 한다.

조금 알 것 같은 대리생활

세월은 금방 흐른다. 특히 정신없이 뛰는 신입 시절은 업무에 치이다 보면 시간은 더욱 빠르게 흐른다. 이제 어느 정도 자신의 고유 업무에 대해서는 자신감을 가져야 한다. 하지만 앞으로도 배워가야 할 것이 많다.

신입직원 시절을 지나 5년의 세월이 지난 다음에 돌이켜 보면 황당한 실수가 많다. 그 시절을 돌아보면 참으로 대단하게 느껴진다.

이 시기는 중간직원으로 입문하는 시기다. 능동적인 업무처리 방안을 스스로 찾아 나가야 한다. 아울러 업무의 전문성을 강화하기 위해 지속적으로 노력해 나가야 한다.

후배와 선배 사이에서 교량 역할을 해야 한다. 조직의 윤활유 역할을 맡아 단합을 주도적으로 이끌어 나갈 수 있어야 한다.

● 실장이 바라는 대리의 모습
 – 전문성 강화에 집중하라

업무추진이 익숙해진 후 자신의 색채를 가진다. 자신의 장점과 단점을 점검하고 장점을 극대화 하는 것이 좋다. 전문성을 강화해서 집중력을 높여야 한다. 자신감 있게 일관성을 유지해서 네트워크 강화로 인맥을 넓혀야 한다. 다양한 업무 경험을 쌓으면서 다양한 시각을 가질 수 있어야 한다.

● 팀장이 바라는 대리의 모습
 – 화합과 융합을 주도하는 촉진자가 되어라

현장에 대한 파악을 끝내고 몸으로 움직일 때다. 그렇기에 안전에 특별한 주의가 필요하고, 간부직원과 평직원, 또는 후배와 선배간의 단순한 전달자가 아닌 화합과 융합을 주도하는 촉진자의 역할을 해야 한다.
이 시기는 스트레스를 많이 받아 낙담하기도 쉬운 때로, 이탈(퇴사가)이 많이 발생하는 위기의 시기이다. 장기근속이냐 퇴사냐를 결정짓는 고비로 여겨야 한다. 진로에 대한 결정기로 지향점과 목표의 차이를 보고 고민하는 시기로 가장 이직이 많이 발생하는 시기다. 이게 아니라는 판단이 서고 갈 길이 확보된다면 새로운 도전을 권한다. 자신과 조직을 위해 그것이 현명하다.

하지만 남아 일하고자 한다면 자신을 돌아봐야 한다. 그동안 성실히 일해 왔다면 현실적인 한계에 조급해 하지 말고 여유를 가질 것이며, 임금이나 승진의 누락에 대해 불만이 많았다면 객관적으로 자신을 돌아보며 심기일전의 노력을 기울여야 한다.

● **과장이 바라는 대리의 모습**
　– 직원 간의 유대관계를 중요하게 여겨라

성실성을 갖추고 직원간의 유대관계를 중요하게 여겨야 한다. 업무는 성실하게 일관성 있게 임해야 하고, 입사시기에 가졌던 마음가짐을 되새기며 대인관계에 신경을 써야 한다. 멘티로 도움 받던 시기에서 신입들의 멘토가 되어가는 시기로 업무에 대한 기초를 잘 다듬어야 한다.

모든 일은 과장에게만 올까?

직장 생활 10년이 되면 이제 자신이 해야 할 일과 자신만의 강점을 찾아야 한다. 나름대로 성과도 내어서 자신의 자리를 찾아가야 한다.

● 실장급이 바라는 과장의 모습
– 주변을 돌아보는 여유를 가져라

자신의 긍정적인 캐릭터가 있어야 한다. 상사나 동료, 후배들에게 '이 사람은 어떤 사람이다' 라는 소문이 나는 시기이다. 업무에 대한 전문성과 신뢰성을 주어야 한다.

특히 주변을 돌아보는 여유가 필요하다. 넓은 눈으로 한 곳에 치우치지 않는 균형적 시각과 동료를 배려하는 마음이 필요하다.

신뢰감을 주고 균형적인 시각으로 일한다면 조직으로부터 존중받는 사람으로 인정받는다. 경제위기를 맞아 구조 조정 등과 같은 어려운 상황에서도 자신을 지키는 큰 무기가 된다.

● 팀장급이 바라는 과장의 모습
– 팀과 팀원에 관심을 가져라

자기업무에 충실하게 하되 팀원들이 무슨 일을 하는지 관심을 가져야 한다. 좋은 팀은 개인의 성과가 아니다. 상호보완하고 지지해줄 때 좋은 성과로 나타난다는 것을 알고 팀과 팀원에 대한 관심을 가져야 한다.

본인의 업무가 회사에 중요한 일부임을 잊지 말고, 어떻게 하면 더 좋은 성과를 낼 것인지 고민해야 할 때다.

현재 위치에서 기울인 노력과 성과가 향후 개인의 20년을 결정한다고 여기고 이 시기를 훌륭한 자산으로 만들어야 한다. 특히 인간관계와 업무성과, 자신의 건강, 가족에 대한 관심 등에 가장 많은 일을 하는 시기임을 자각하고 즐기는 마음을 가져야 한다. 향후 5년, 10년, 20년 미래의 모습을 설계해 보아야 한다.

현상을 보고 원인을 80% 정도 유추할 수 있는 능력자의 시기이다. 이로 인해 현장 확인을 안 하는 매너리즘에 빠질 수 있다. 자칫 유추한 내용과 결과가 일치하지 않아 후폭풍이 거셀 수 있다. 매너리즘을 경계하고 일을 쉽게 해결하려 하지 말고 현장 확인에 특히 신경을 써야 한다.

파트의 책임자로 자기 파트 위주의 생각이 오히려 시야를 좁히는 현상도 나타난다. 큰 그림을 알고 협의와 조율을 통해 협업하는 것이 중요하다. 자신의 업무가 파급효과를 끼치는 관계부서와 사전조율을 하는 노력이 필요하다.

공채의 경우는 리더 그룹으로 입문하는 시기다. 미래지향적 업무설계의 중추역할을 담당해야 한다. 태생적 한계를 극복하기 위한 고민이 필요한 시기이다.

현실안주 부류는 적극성을 더욱 가져야 한다. 진취적인 에너지가 부족하기에 변화에 수동적이고 주변의 에너지를 감소시키는 경향을 보인다. 이 점을 극복하지 못하면 자칫 승진과 포상 시 누락에 따라서 불만세력으로 변질될 수 있다. 이럴 때는 솔직하게 단점을 구체적으로 제시하는 돌직구를 던져 현실을 있는 그대로 보여주는 것이 본인과 조직의 발전을 준다.

반면 변화추구 부류는 눈에 띄는 한계 극복을 위해 스스로 노력하는 경향이 강하다. 이런 노력에 대한 지지와 격려의 표현이 필요하다. 거의 모든 조직은 10%의 핵심구성원(인재)과 80%의 구성원, 그리고 10%의 불필요한 구성원으로 이뤄져 있다. 직책이 올라갈수록 불필요한 구성원이 될 확률이 높다. 자신이 어느 자리에 들어서고 있는지 항상 살필 수 있어야 한다.

● **과장이 바라는 과장의 모습**
  - 사람을 키워라

사람을 키울 줄 알아야 한다. 자신의 일을 주도적으로 잘 해결하는 지금의 모습에서 후배에게 자신의 것을 강요하는 것보다 후배가 자신의 색깔을 찾도록 이끌어 주는 리더십이 필요하다. 그러기 위해서는 종합적이 시야를 가져야 하고, 조직 전체를 볼 줄 아는 적극적인 행동이 필요하다.

● **입사 2년차가 바라는 과장의 모습**
  - 지시보다 업무로 보여줘라

업무에 대한 실무적 해석과 설명을 함께 해주면 좋겠다. 브리핑을 원하는 것이 아닌 큰 그림을 알려주었으면 한다.[Just one minute]

업무를 위임해 주고, 함께 참여할 수 있는 기회를 제공함으로써 경험의 기회를 늘려 주었으면 한다. 지시보다는 업무로 보여주었으면 한다.

부하 눈치 봐야 좋은 팀장이라는데?

● **대표이사가 바라는 팀장의 모습**
  – 빠른 분석, 빠른 결정력을 가져라

우선 몸이 건강해야 일처리가 가능하기에 건강관리에 주의해야 한다. 자신을 관리하고 다른 팀과의 협의, 실과 실의 협의, 대외 기관과의 협의 등 팀장의 위치에 맞는 관계에 비중을 두어야 한다. 업무는 부하직원이 알아서 할 것이다. 팀장으로서 업무의 핵심을 알고 올바른 방향으로 유도하는 것을 잊지 말아야 한다. 더 많은, 더 신중한 경청의 자세가 필요하다.

상사에게 신뢰를 심어 줘야 한다. 일하다 보면 가끔 거짓말을 하거나 편법, 꼼수를 쓰고 싶은 유혹이 생긴다. 순간의 위기모면을 위한 묘책으로 사용하다 보면 안 좋은 습관이 되어 결과적으로 불신을 키우고 만다. 말하기 곤란한 내용도 빠른보고(사전보고)로 신뢰를 쌓아가야 한다. 빠른 보고는 빠른 정리가 가능하게 해서 부담을 감소시킨다.

팀장의 위치에 필요한 것은 빠른 결정(결단력)이다. 빠른 결정은 빠른 분석이 선행될 때 가능하다. 빠른 분석으로 신중하게 고민했으면 가능한 빠른 결정을 내려야 한다.

팀장은 자기 주관이 있어야 한다. 문제발생시 구체적 해결방안을 제시하고(1, 2, 3안) 그 중 본인이 생각하는 해결방안을 말할 수 있는 것이 팀장의 역할이다.

인성을 갖추어야 한다. 모든 사람에게는 욕심이 있다. 욕심은 일의 동력이기에 좋다. 일과 승진을 위해서는 열정과 욕심이 필요하다. 하지만 타인을 밟기 위해 무리한 방법을 사용해서는 안 된다. 청탁이나, 상대방을 음해하는 경우가 발생한다. 이것은 결과적으로 역효과를 불러 온다.

아울러 팀원을 성장시키고 활용해야 한다. 누구나 원하는 일 잘하는 직원을 팀원으로 데려오는 선택에는 한계가 있다. 팀원이 모두 마음에 들지 않더라도 팀원의 특성을 파악하여 적극적으로 활용해서 성장시켜 나가야 한다. 이것이 팀원과 팀장이 사는 길이자 (WIN-WIN) 조직을 더욱 발전시키는 원동력이다.

협업 → 확장 → 정보수집
정보수집 방법 : 동료, 책, 인터넷,
벤치마킹(창조=모방)

● 실장급이 바라는 팀장의 모습
  - 회사 전체를 보아라

조직(회사 → 소속실 → 소속팀)의 미래에 대한 생각(고민)을 바탕으로 자신이 해야 할 일을 찾아 할 수 있다. 미래에 대한 고민과 합리적 판단은 편협하지 않고, 추후 파장을 고려해야 한다. 단기적으로 자신과 자기의 팀에 도움이 되는 것을 우선하지 않고, 회사 전체의 미치는 영향과 타 부서와의 조화도 고려해야 한다.

동료와 후배에 대한 생각(고민)과 실천이 필요하다. 업무 환경의 개선을 위한 노력을 해야 하고, 팀원들의 입장을 고려한 정책을 결정할 줄 알아야 한다.

팀장은 ① 조직의 핵심[실무 의사 결정자]이자, ② 일선과 가장 가까운 거리에 있다. 따라서 함께 움직이는 배려가 필요하다.

"마음이 가야, 마음이 온다."
* 그냥 오가는 것은 아니다
* 시간, 금전적 배려가 수반되어야 한다.
급여의 5%이내 환원 필요하다.
업무(기본)에 시간과 금전적 배려를 해야 한다.

조화로운 조직을 위한 역할 분담을 해야 한다.

회사는 가정과 같다.

팀장은 아버지와 같다. 아버지는 일반적으로 규정과 규율의 준수를 강조하고, 업무성과에 따른 칭찬과 격려, 질책 등을 담당해야 한다.

실장은 어머니의 성향을 갖고 있다. 전체를 감싸주고 꼭 필요한 역할을 한다.

사장은 아버지와 어머니의 성향을 함께 갖고 있어야 한다. 때로는 강하고 냉정하게 다룰 줄도 알아야 하고, 때로는 부드럽게 전체를 끌어안을 수도 있어야 한다.

팀원들에게 신뢰할 수 있는 상사가 되어야 한다. 신뢰할 수 없는 사람이 말하는 규정, 규율, 질책은 상대방의 귀에 들리지도 않는다.

부서 간 효과적인 업무협의에 집중하고, 이견발생시 협의로 조율하는 스킬이 필요하다. 서로의 입장을 듣고, 상대방을 고려하는 방안을 제시하여 조율하는 것이 팀장의 중요한 역할이다. 팀원들의 사기진작을 위하여 팀원 스스로가 인정받고 있는 직원이라는 느낌이 전달되게 하는 것도 중요하다. 부서의 목표를 효과적으로 공유하고자 대화를 통해 대처방안을 함께 나누고 고민하며 해결하고자 하는 과정 또한 팀장의 중요역할이다.

업무에 대한 컨트롤이 가능한 리더십과 문제해결능력이 필요하다. 조직원 개개인에 대한 인성파악을 하고, 이를 기반으로 분위기 조성과 가교역할을 하는 직원들을 찾아 적절한 안배를 해야 한다. 자신만의 후배 육성 운영체계를 시행해서 조직업무 역량을 강화하는 체계를 구성해야 한다. 결과물로 노력에 따른 상벌의 공정성을 유지해야 한다. 업무완성와 조직 안정성을 유지하기 위해 잘하는 것, 못하는 것에 대한 적절한 표현이 필요하다.

● 팀장급이 바라는 팀장의 모습
– 전체에 대한 큰 그림을 그려라

1. 변화를 두려워하지 말라. 안정(고정)을 추구하는 보수화 경향은 생물학적인 자연스러운 현상일지라도 변화를 받아들이는 마음가짐을 유지해야 한다.
2. 나무를 보지 말고 숲을 봐라. 일희일비 하지 않고 크게 넓게, 멀리 사고해야 한다.
3. 직원의 실패는 나의 모자람으로, 직원의 성과는 오롯이 직원의 몫이 되도록 해야 한다.
4. 업무를 추진할 때는 회사의 발전과 이익과 책임감과 공정함을 잣대로 세워야 한다.
5. 건강에 더욱 힘쓰고 사랑하는 가족에게 충실해야 한다.

　방향설정과 조정의 업무가 가장 중요하며 개인, 팀에 국한되는 것이 아니고 전체에 대한 큰 그림이 필요한 시기이다. 또한 나의 결정에 따른 다양한 파급효과에 대해 사전 조율하는 것 또한 매우 중요한 일로 공식, 비공식적인 모든 방법을 효과적으로 활용하는 것이 필요하다.
　현장부서와 지원부서는 대상고객의 차이로 구분할 수 있다. 내부고객인가 외부고객인가로 말이다. 팀장은 결정권을 가지고 업무에 대한 방향을 제시해야 하며 이끌어주는 리더의 역할이 가장 중요하게 여겨야 한다.

구성원의 효과적 업무분장(배치)이 선결되어야 하며, 리더의 성향에 따라 제시하고 따라오라는 주도적 성향도, 먼저 보여주며 알아서 따라오기를 기다려주는 소극적 성향도 존재한다. 하지만 조직은 성과창출로 평가받고, 시대적으로 빠른 성과를 요구하는 상황에서 자발성만을 기대하고 기다리기에는 어려움이 많다.

● 입사 2년차가 바라는 팀장의 모습
　– 소속감을 느끼게 해줘라

　1. 직무분석을 바탕으로 한 팀 단위의 업무분장으로 적합한 체계 꾸리기에 집중해야 한다.
　2. 팀장의 최고 역량은 공정성이라고 생각된다. 공정성이란 팀이라는 울타리 안에서 권한을 활용하여 책임을 질 수 있는 좋은 시스템을 만들어 가는 것이다.
　3. 소속감을 느낄 수 있게 팀원들에 대한 지지의 관점에서의 관심을 표현해주는 것이 필요하다.

보고, 듣고, 말하고 싶어도 참아야 하는 실장이라니?

　필자가 종합스포츠센터의 운영책임자로 있을 때다. 수영파트근무자(아르바이트)로 시작해서 계약직, 주임, 대리, 팀장을 거쳐 올라간 자리라 그런지 모든 역할과 업무들이 눈에 선하여 보이는 것도 많고, 들려오는 소리도 많고, 말하고 싶은 것도 많았다. 하지만 하고 싶다고 모두 말할 수는 없었다. 중간에 근무하는 각 파트별 팀장들이 있고, 그들을 존중하여야 하다 보니 많은 인내의 시간이 필요했다. 입장에 따라 많이 참아야 하는 것을 배우는 시간이었다.

리더는 고독하다고 했다. 착실히 단계를 밟아온 사람은 리더의 고독을 안다. 하지만 어느 날 갑자기 낙하산을 탔거나, 단계를 제대로 밟아보지 못한 사람은 이 고독을 이해하지 못해 실수를 범하곤 한다. 오히려 잘 해주려고 하는 것이 상대에게 불편을 끼칠 수 있고, 배려했다고 하는 것이 상대를 해치는 것일 수 있다. 이때 더욱 필요한 것이 바로 '~답게'라는 삶의 자세다. 리더로서 갖춰야 할 자세와 리더답게 산다는 것이 무엇인지 끊임없이 찾아 나가야 한다.

● **대표이사가 바라는 실장의 모습**
　　– 리더의 5가지 미덕을 갖춰라

공자는 '논어'에서 리더가 갖춰야 할 미덕 다섯 가지를 강조했다. 신중석 대표 이사님이 신념으로 삼고 있으며, 리더들에게 강조하는 말이기도 하다.

첫째, 惠而不費(혜이부비) : 배려하되 지나치면 안 된다. 은혜를 베푼다고 상대방이 원하지 않는 것까지 억지로 배려하다 보면 오히려 반발만 사고, 배려 자체가 부담스러워진다. 상대방이 무엇을 원하는지 정확히 찾아야 한다. 목마를 때 물 한 컵을 내밀어주면 감사하고 기쁘지만, 물을 많이 먹어 먹고 싶지 않은데 주는 물 한 컵은 곤혹스러울 수 있다. 리더가 늘 직원을 최선으로 배려하고 있다고 하지만, 그 배려가 초점과 중심을 잃으면 직원들은 그 배려를 버거워한다. 상대방이 원하는 것을 정확히 찾아서 은혜를 베푸는 지혜야말로 관리자가 갖추어야 할 첫 번째 미덕이다.

둘째, 勞而不怨(로이부원) : 일을 시킬 때 원망을 갖게 해서는 안 된다. 누구든 일을 시키면 원망을 갖게 된다. 육체적으로 정신적으로 힘들기 때문이다. 그러나 지혜롭게 일을 잘 선택하여 지시한다면 그 임무에 대하여 불평할 사람이 없게 된다. 당장 필요하지도 않은 일을 아무런 고민 없이 즉흥적으로 시키다 보면 원망을 사게 될 것이다. 누구나 인정하는 일을 정확히 찾아내서 그 임무를 부과하는 것, 관리자의 두 번째 미덕이다.

셋째, 欲而不貪(욕이부탐) : 욕망을 갖되 탐욕을 부려서는 안 된다. 욕망과 탐욕은 구별돼야 한다. 리더가 욕심이 지나쳐 탐욕을 보이면 직원들의 마음이 떠나게 된다. 적당한 욕심은 사람을 긴장시키고 더욱 역동적으로 만들지만, 그 욕심이 지나쳐서 탐욕이 되면 해서는 안 될 것도 하게 된다. 욕심을 갖되 탐욕에 빠지지 않는 것, 관리자의 세 번째 미덕이다.

넷째, 泰而不驕(태이부교) : 자유롭되 교만하게 보여서는 안 된다. 자유로운 리더는 자칫 교만으로 빠질 수 있다. 지위가 높고 많이 가진 사람일수록 교만하면 안 된다. 자유와 교만함을 구별할 줄 아는 것, 관리자의 네 번째 미덕이다.

다섯째, 威而不猛(위이부맹) : 위엄을 갖추되 사나워 보여서는 안 된다. 위엄이 지나치면 사납게 보일 수가 있다. 권위적인 태도가 넘쳐 사납게 되면 직원들은 앞에서 머리를 숙이지만 뒤에서는 그 리더를 욕할 것이다. 적절한 위엄만이 상대방을 감동시킬 수 있다. 경외심은 사나운 모습에서 나오는 것이 아니라 존경(敬)에서 나오는 두려움(畏)이다.

부담스럽지 않은 배려(惠), 명확한 임무의 선택과 지시(勞), 탐욕스럽지 않은 욕심(欲), 교만하지 않은 자유분방(泰), 사납지 않은 위엄(威) 등 군자의 오미(五美)는 시대를 초월한 아름다운 관리자의 덕목이다.

관리자가 된다는 것은 어렵고도 험난한 길이다. 그 길이 두려운 사람은 관리자가 돼서는 안 된다. 조직과 조직원의 생존에 가장 큰 위협이 되기 때문이다

● 실장이 바라는 실장의 모습
   - 네트워크 관리에 집중하라

전문성을 바탕으로 '예스'나 '노'의 의견표현이 필요하다. 팀장들과 업무전반에 대해 대화를 자주 해가며 올바른 방향설정과 결과물을 도출할 수 있어야 한다. 자기가 맡은 실의 비전을 끊임없이 제시할 수 있어야 하며, 단순하게 반복하는 일이 아닌 조직 확장을 위한 업무 발굴 등이 필요하다. 네트워크 관리가 가장 중요

한데, 소속팀 조율과 타 실과의 협의조율에서부터 유관기관이나 상급기관과의 관계를 잘 해 나가야 한다.

내가 추구해야 하는 길

　필자는 20대 초반부터 직장생활을 시작했다. 고등학교를 졸업하자마자 작은 개인 수영장, 사립학교 교내수영장, 대규모 종합스포츠센터, 기타 공공기관의 수영장 등 다양한 형태의 수영장에서 15년 이상을 근무했다.

　수영장은 특이한 곳이다. 정말 다양한 삶을 가진 분들을 만날 수 있는 곳이다. 5~6세 유아부터 80세 이상의 노인층까지 전 세대를 만난다. 학생, 직장인, 자영업, 공무원 등 거의 모든 직업군을 다 만나기도 한다. 학력도 초등학교도 못 나오신 분부터 박사님까지 다양하다.

　초보강사 시절에는 내 것을 고집하는 경우가 많았다. 오직 경험에만 의지했고, 수강생의 마음보다는 계획에 맞춰 강습을 진행해 나갔다. 이견을 보이는 수강생도 있었지만, 강사의 권위를 이기지 못해 마지못해 따라오는 경우도 있었다.

　그런데 경험이 쌓여가며 바뀌기 시작했다. 내 기준이 아닌 수강생들의 컨디션이나 진행 상태에 초점을 맞추기 시작했다. 사전에 세운 계획보다 상황에 따라 수강생의 건강과 기술 향상을 위한 즐거운 시간을 만드는데 주력했다.

지금은 사내 CS강사로 4년째 활동하고 있다. 사내 강사로 활동하면서 더 좋은 것은 나 자신을 알아간다는 것이다. 수영강사를 할 때하고는 또 다른 재미가 있다. 무엇보다 사람들과 함께 하기 위해 체계적인 공부를 해야 했고, 이론적으로 전문지식을 충분히 갖춰야 했다.

초반에 TA, DISC 등 행동유형분석에 대한 공부를 하면서 세상에는 맞고 틀린 것이 아니라 나와 다른 사람이 많다는 것을 이해하게 되었고, 그 과정을 통해서 소통의 중요성을 체계적으로 정리해 보고 싶었다.

교육을 계획하고, 강의하고 피드백을 통한 개선의 과정을 거치면서 회사라는 조직에서 자신의 위치를 아는 것이 얼마나 중요한가를 알았다.

"자신의 위치에 맞게 소통하라!"

매우 중요한 말이다. 체육을 전공한 사람으로서, CS강사로서 필자는 늘 건강을 강조하고 있다. 건강하기 위해서는 영양섭취의 균형, 휴식과 운동의 균형, 호르몬 분비의 균형, 신체구성의 균형 등 어느 쪽으로 치우치지 않은 '균형'이 중요하다. 하지만 이 '균형'의 최대 적이 있으니 바로 '과유불급'이다. 지나침은 미치지 못한 것과 같다.

회사생활에서도 '균형'이 절대적으로 필요하다. 이때 '균형'의 잣대로 삼아야 할 것이 바로 자신이 선 자리다. 아무리 좋은 것도 자신의 지위와 위치에 맞지 않으면 '과유불급'으로 전락할 수 있다. 열심히 일하고 열심히 배려했는데, 그것이 오히려 상대에게 부담을 주고 전체적인 틀에서 조직에 해를 끼치는 경우가 있다.

그래서 시도한 것이 각 지위에서 최고의 경지에 오른 이들을 찾아 인터뷰를 시도한 것이다. 회사라는 조직생활은 이론보다 현장에 있다는 것을 증명해 보이고 싶었기 때문이다.

필자의 의도를 알고 적극적으로 지지하고 격려해 주시며 인터뷰에 임해주신 모든 분들께 진심으로 감사드린다.

Epilogue

지금 당장 익숙한 습관에서 벗어나
먼저 실천하는 소통의 향기를 풍겨보자

"저 사람하고는 말이 안 통해!"
"그 사람은 정말 말길을 못 알아들어!"

평소에 누군가 소통이 잘 되지 않아 삐걱거렸다면 한 번쯤 고민해 볼 문제다. 과연 저 사람만의 문제일까? 소통이 잘 되지 않는 것은 쌍방의 문제일 수 있다. 말보다 더 중요한 마음과 뜻이 통하지 않아 그럴 수 있기 때문이다. 그래서 이 책은 말보다 마음과 뜻을 통하게 하는 태도에 대해 다루기로 했다.

"요리하는 사람의 기분에 따라 음식 맛도 달라진다."

얼마 전 한 TV 프로그램에서 유명 요리사가 한 말이다. 기분이 좋지 않으면 간도 더 세지고 전체적인 맛이 달라진다는 것이다. 음식맛도 이런데 사람과 사람 사이의 소통은 어떻겠는가?

우리 7명의 강사는 즐거운 기분으로 요리를 만드는 요리사의 마음으로 이 책을 기획하고 집필했다. 각자의 전문 분야와 현장에서 쌓은 경험을 바탕으로 우리 2030 청춘들이 좀더 나은 삶, 직장생활을 꾸려나가기를 바라는 마음으로 온 정성을 모았다.

현재 사회적으로 가장 뜨거운 이슈 중 하나가 바로 소통이다. 많은 조직에서 상사들은 요즘 젊은 친구들과 대화가 안 통한다고 걱정이고, 사원들은 세상이 바뀌었는데 기성세대는 그대로라며 답답해한다.

어떨 땐 학창시절 영어책에서 본 '다이얼로그(Dialog)'라도 있었으면 좋겠다. 이럴 땐 이렇게, 저럴 땐 저렇게 소통하라고 예문이라도 있다면 얼마나 좋겠는가? 하지만 아쉽게도 소통에는 완벽한 다이얼로그가 없다. A부장이 좋아한다고 B부장도 좋아하란 법이 없고, 후배 C가 좋아하는 것을 또 다른 후배 D가 좋아하란 법이 없다. 복잡한 게임도, 신기한 마술도 일정한 규칙과 비밀만 알면 쉽게 풀 수 있는데 사람 사이의 소통에는 완벽한 법칙이 존재하지 않으니 많은 이들이 애를 먹는 것이다.

하지만 분명히 알아야 할 것이 있다. 소통은 사람끼리 서로 좋게 통하는 문제이기 때문에 기본적인 것을 잘 지키면 된다. 감정, 눈치, 관계, 말투, 이미지, 지위와 역할 등 자신이 처한 환경과 상황에 맞게 석설하게 대저하는 인격과 습관을 갖추면 된다. 그런데 우리는 그동안 학교교육을 통해 스펙을 강요당하면서, 똑 부러지게 말 잘하는 습관에만 길들여져 있다. 그러다 보니 지금은 웬만한 지식으로 알았어도 쉽게 고칠 수 없는 잘못된 소통의 습관에 빠져 있다.

이 책은 지식전달의 책이 아니다. 지식습득으로 접근한 소통의 기술을 다룬 책이라면 지금까지 나온 것으로도 충분하다. 산업강사로 활동하고 있는 우리 7인은 이 책을 통해 잘못 길들여진 습관에서 벗어나 좀더 쉽게 새로운 습관을 들일 수 있도록 구체적인 방법을 제시하려 온 심혈을 기울였다. 모쪼록 이 책을 통해 많은 이들이 우리의 의도대로 소통의 지식이 아닌 소통의 지혜를 체득해 갔으면 한다.

지식은 머리로 아는 것이지만 지혜는 습관으로 체득하며 삶을 바꿔가는 것이다.

"다음에!"
"나중에!"

우리 주변에는 습관적으로 이런 말을 사용하는 사람이 있다. 좋게 말하면 워낙 철저해서 완벽을 기하는 사람이고, 나쁘게 말하면 필요성은 알지만 익숙한 습관에 파묻혀 나오기 싫다는 구차한 변명을 늘어놓는 사람이다.

수많은 소통 관련 책을 섭렵했음에도 소통의 달인으로 올라서지 못한 것은 습관에 파묻혀 지금 당장 행동으로 옮기지 않았기 때문이다. 우리 7인의 이 책을 본 독자는 제발 이런 부류에 속하지 않기를 바란다. 모든 독자님들이 우리와 함께 지금 당장 실행에 옮기는 현명한 분들이었으면 하는 바람을 담아 본다.

"지금 적극적으로 실행되는 괜찮은 계획이 다음 주의 완벽한 계획보다 낫다."
　　　- 조지 S.패튼(George Smith Patton)

　많은 준비가 되어 있지 않아도 좋다. 지금 그대로여도 좋다. 누군가가 내미는 손을 기다리기보다, 누군가가 걸어주는 말을 기다리기보다 먼저 용기 있게 다가가 소통의 향기를 풍길 수 있었으면 한다.

　끝으로 그동안 우리를 혹독하게 단련시켜주었던 직장상사와 동료들에게 감사드린다.
　아울러 지금도 이 순간에도 강의 현장에서 우리가 사랑받는 산업상사로 활동할 수 있도록 함께 소통하며 큰 힘을 보태주시는 수많은 교육생님들께 진심으로 감사드린다.